O ATIVISTA DA ESTRATÉGIA

ANDRÉ COUTINHO
SAULO BONASSI
COCRIADO COM 26
EXECUTIVOS BRASILEIROS

O ATIVISTA DA ESTRATÉGIA

Symnetics

ALTA BOOKS
EDITORA
Rio de Janeiro, 2017

O Ativista da Estratégia — como pensam e agem os profissionais que fazem a estratégia acontecer nas organizações

Impresso no Brasil.

Obra disponível para venda corporativa e/ou personalizada. Para mais informações, fale com projetos@altabooks.com.br

Copidesque
Shirley Lima da Silva Braz

Editoração Eletrônica
Estúdio Castellani

Revisão
Mariflor Brenlla Rial Rocha | Edna Rocha

Produção Editorial
Elsevier Editora - CNPJ: 42.546.531./0001-24

Erratas e arquivos de apoio: No site da editora relatamos, com a devida correção, qualquer erro encontrado em nossos livros, bem como disponibilizamos arquivos de apoio se aplicáveis à obra em questão.

Acesse o site www.altabooks.com.br e procure pelo título do livro desejado para ter acesso às erratas, aos arquivos de apoio e/ou a outros conteúdos aplicáveis à obra.

Suporte Técnico: A obra é comercializada na forma em que está, sem direito a suporte técnico ou orientação pessoal/exclusiva ao leitor.

A editora não se responsabiliza pela manutenção, atualização e idioma dos sites referidos pelos autores nesta obra.

CIP-Brasil. Catalogação-na-fonte
Sindicato Nacional dos Editores de Livros, RJ

C895a Coutinho, André
O ativista da estratégia : como pensam e agem os profissionais que fazem a estratégia acontecer nas organizações / André Coutinho, Saulo Bonassi. – Rio de Janeiro : Alta Books : Symnetics, 2017.

ISBN: 978-85-508-0156-8

1. Planejamento estratégico. 2. Estratégia.
I. Bonassi, Saulo. I. Título.

11-0936. CDD: 658.4012
CDU: 658.012.2

ALTA BOOKS EDITORA
Rua Viúva Cláudio, 291 — Bairro Industrial do Jacaré
CEP: 20970-031 — Rio de Janeiro - RJ
Tels.: (21) 3278-8069 / 3278-8419
www.altabooks.com.br — altabooks@altabooks.com.br
www.facebook.com/altabooks

PREFÁCIO À EDIÇÃO BRASILEIRA

Victor Hugo disse, "não há nada mais poderoso do que uma ideia cuja hora chegou". A ideia do "escritório de gestão da estratégia" lançada por mim e Dave Norton em um artigo na *Harvard Business Review* de outubro de 2005 é claramente uma dessas poderosas ideias. Em menos de uma década, organizações de todo o mundo adotaram esse conceito e um novo tipo de profissional de gestão agora desempenha um papel ativo ao ajudar organizações privadas, públicas e do terceiro setor a executarem suas estratégias.

Antes de introduzir esse novo profissional de gestão, as organizações batalhavam por implementar suas estratégias. Várias pesquisas nos últimos 25 anos revelaram que sem um escritório de gestão da estratégia desmembrando e comunicando mapas estratégicos e scorecard, e alinhando unidades de negócio e pessoas a uma estratégia coerente, 60% a 80% das organizações falhavam na implementação de suas estratégias. Enquanto o sucesso na execução da estratégia em um mundo altamente competitivo, global e volátil permanece complexo e incerto, nossos dados indicam que uma liderança forte, apoiada por um time de profissionais de estratégia, pode fazer com que a probabilidade de que a estratégia aconteça aumente para 70%.

Norton e eu descrevemos a sequência do processo de execução da estratégia em *A Execução Premium* (Campus/Elsevier). Os consultores da Symnetics levaram este nosso trabalho para o próximo estágio, com estudos de caso em profundidade neste livro *O Ativista da Estratégia.* O livro mostra como uma organização pode fazer da execução da estratégia uma de suas maiores e mais importantes competências essenciais. O livro consagra os muitos indivíduos que têm desempenhado um papel de liderança em ajudar suas organizações a definirem, comunicarem e alcançarem seus objetivos estratégicos. Isto é, sem dúvida, vanguarda da gestão, documentado no sucesso de muitas organizações de diversos tipos, tamanhos e setores. Os leitores de *O Ativista da Estratégia* vão receber insights valiosos nas competências necessárias para desenvolver a fim de fazer com que suas organizações sobrevivam e prosperem em ambientes competitivos desafiadores. Parabenizo a Symnetics e os coautores na criação dessas competências e na cuidadosa documentação que fizeram dos processos utilizados pelos bem-sucedidos Ativistas da Estratégia.

Robert S Kaplan
Harvard Business School
Boston, Massachusetts
Fevereiro de 2011

ORGANIZADORES

André Ribeiro Coutinho

André é designer de inovação e novos negócios pela Symnetics. Nos últimos 15 anos, vem trabalhando com mais de 60 organizações privadas e públicas no Brasil, América do Sul e África em jornadas de estratégia e inovação. Desde 2005, vem atuando no desenvolvimento e aplicação de "next practices" (próximas práticas) de gestão nas organizações, junto com nomes como Venkat Ramaswamy, Francis Gouillart, Robert Kaplan e Salvador Raza. Professor de Empreendedorismo, Inovação e Business Design pela Business School São Paulo (BSP). Coautor de *Gestão da estratégia: experiências* e *lições de empresas brasileiras* (Campus/Elsevier) e de diversos artigos para revistas e jornais internacionais, tais como *Harvard Business Review*. André tem MBA pela Fundação Dom Cabral, é pós-graduado em Leadership pela Harvard University Integrative Thinking e pela Rottman School, mestre em Relações Internacionais pela University of Reading e economista pela Unicamp. Tem uma filha de 2 anos. Seus hobbies são música, comics e ioga. Gosta de se inspirar viajando por lugares exóticos do planeta. André escreve no blog andrercoutinho.wordpress.com e pode ser acessado pelo e-mail acoutinho@symnetics.com.br.

Saulo de Aguiar Bonassi

Atua como professor, consultor e palestrante dos temas de Estratégia e Gestão há mais de 10 anos, tendo coordenado projetos nos mais diversos setores, em empresas como: Petrobras, Gerdau, Vale, Grupo Ultra, Votorantim, Tarpon Investimentos, Arezzo, Rexam, Odontoprev, entre outras. Colaborador do livro: *Gestão da estratégia: experiências e lições de empresas brasileiras* (Campus/Elsevier). Lançou e coordenou a Comunidade Brasileira de Gestão da Estratégia (CGE) entre 2007 e 2010. Foi sócio-diretor da consultoria

Symnetics, responsável pelo negócio de educação e diversas iniciativas no Brasil e na América Latina.

Mestre em Administração de Empresas pela PUC/SP e engenheiro de produção pela FEI. É diretor e professor do MBA em Estratégia BSP (Business School São Paulo) e membro da eyesonfuture. Casado com Monica, psicanalista, juntos têm três lindos filhos: Victor, Laila e Lorena. Adora esportes ao ar livre, de preferência em contato com a natureza, pratica surfe, triatlon e ioga. Um apaixonado por estar com a família e pelas coisas simples da vida.

Saulo escreve no blog inovacaoeestrategia.com e pode ser acessado em sauloabonassi@gmail.com.

EQUIPE SYMNETICS

Anderson Penha

Graduado em Tecnologia Mecatrônica pelo SENAI-SP, pós-graduado em Gestão Empresarial pela FIA-USP, MBA em Administração de Projetos pela mesma instituição e pós-graduando em Psicodrama e Sociodrama pela ABPS. Sócio e designer de inovação pela Symnetics. Nos últimos oito anos, trabalhou em projetos complexos envolvendo inovação e estratégia junto a organizações no Brasil, nas Américas e África. Professor convidado da BSP e BI International. Atualmente tem atuado no desenvolvimento da rede de inovação Symnetics e no codesenvolvimento de abordagens que integram a Cocriação de Experiências & Design à Estratégia e sua gestão.

Antonio Sorbara Jr.

Graduado em Engenharia de Produção pela Universidade Federal de São Carlos e mestre em Administração de Empresas pela EAESP-FGV. Atua em consultoria há 12 anos. É sócio-gerente da Symnetics, onde atua desde 2004 em projetos de Planejamento Estratégico, Balanced Scorecard e Inovação. Pela Symnetics, ainda ministra cursos abertos e *in-company* na área de estratégia de negócios. Professor da BSP (Business School São Paulo) no MBA em Gestão Estratégica.

Fanny Schwarz

Sócia-diretora de Consultoria Symnetics Brasil. Graduada em Administração de Empresas pela Universidade de São Paulo, com especialização em Gestão de Serviços, Planejamento Estratégico, Administração Internacional e Comportamento do Consumidor pela St. John's University, Nova York, Estados Unidos. Mais de 14 anos de experiência em gestão, gerenciamento estratégico e inovação utilizando metodologias diversas, com forte atuação na liderança de projetos de gerenciamento estratégico em empresas de diferentes setores, destacando-se grupos siderúrgicos, seguros, telecomunicações, varejo, química, entre outros. Contribui ativamente na interface com os professores Kaplan e Norton, criadores do Balanced Scorecard, com experiências, referências e inovações para a evolução da Gestão da Estratégia, assegurando a representatividade da experiência brasileira. Em 2010, recebeu o prêmio Personalidade do Ano pela ABTD/PR (Associação Brasileira de Treinamento e Desenvolvimento/Paraná).

Frederico Michel Magalhães

Administrador com pós-graduação em marketing, ambos pela Universidade Federal de Minas Gerais. Em oito anos de experiência como Ativista da Estratégia, atuou como consultor, palestrante e instrutor de cursos em setores tão diversos como energia, telefonia, farmacêutico, metalúrgico e hospitalar. Também já trabalhou no governo e em organizações do terceiro setor. Nesse período, auxiliou organizações em seus processos de planejamento, implementação do Balanced Scorecard, desdobramento da estratégia e planejamento de redes sociais. Com forte ênfase na execução da estratégia, também apoiou o vínculo da estratégia com os processos e com a gestão de desempenho, desenvolvimento de softwares de gestão e gestão da mudança.

Ilana Kogan Goldsmid

Engenheira de Produção, graduada pela PUC-Rio. Mestre em Administração de Empresas pela COPPEAD/UFRJ. Consultora associada da Symnetics. Ministra curso de Formulação da Estratégia pela Symnetics.

Jarbas Cerávolo Guimarães

Engenheiro mecânico, graduado pela Escola de Engenharia Mauá, Pós-graduado em Administração Financeira pela FGV (Fundação Getulio Vargas). Consultor, instrutor e palestrante em temas relacionados com a gestão estratégica. Membro do IBGC (Instituto Brasileiro de Governança Corporativa).

Jayme Alexandre Dias de Lima

Administrador, graduado pela Universidade Mackenzie. Pós-graduado em Gestão Empresarial pela BSP (Business School São Paulo), com especialização em Gestão de Projetos (Rockwell University) e Change Management & Organizational Renewal (Harvard Business School). Ministra cursos e palestras relacionados à Estratégia e Gestão.

José Paulo Gonçalves Silva Júnior

Engenharia Mecânica, pela Unesp. Arquiteto e urbanista, graduado pela Universidade Presbiteriana Mackenzie. Pós-graduado em Administração de Empresas, pela FGV-EASP – CEAG. Consultor em Formulação e Gestão da Estratégia. Ministra cursos em gestão da estratégia e gestão de portfólio de projetos alinhado à estratégia em empresas de diversos segmentos.

Leonardo Leal de Sá

Engenheiro eletrônico e de telecomunicações, graduado pela Universidade Gama Filho. Mestre em Ciências em Automação Industrial pela PUC-RJ. Pós-graduação em Negócios – Alta Direção, pelo Instituto Tecnológico de Monterrey, México. Atua como consultor para estratégias empresariais pela Symnetics.

Luis Cláudio Pinho

Economista formado pela Universidade Estadual de Campinas. Iniciou sua carreira na General Electric na área Six Sigma. Na Symnetics, trabalha com planejamento e gestão da estratégia há mais de 10 anos. Atualmente, é gerente de projetos nos setores público e privado no Brasil, Angola e América Latina.

Maria Auxiliadora Moraes Amiden

Economista graduada pela Universidade Estadual de Campinas (Unicamp). Pós-graduada em Administração e Marketing pela ESPM e com especialização em Economia da Felicidade pelo Schummacher College, Reino Unido. É estudiosa dos temas Inovação, Gestão da Mudança e Educação em Valores Humanos. Trabalha há mais de 10 anos na Symnetics atuando em consultoria e educação. Professora e palestrante em temas relacionados com estratégia e gestão da mudança. É revisora técnica de livros relacionados com Estratégia.

Mathias Mangels

Engenheiro mecânico e mestre em Administração de Empresas pelo INSEAD, França. Palestra em temas de competitividade e alto desempenho suportadas por estratégias inovadoras e de excelência operacional. É fundador e sócio da Symnetics e da Tantum Group Internacional, com presença na América Latina, América do Norte, Europa e Oriente Médio. É cofundador do Strategy Management Collaborative, organização europeia com foco em pesquisa e desenvolvimento dos conceitos de Gestão de Desempenho. Prêmio de Executivo do Ano da ANEFAC/2004. Membro do Comitê Diretor do MBC (Movimento Brasil Competitivo).

Rogério Desio Caiuby

Engenheiro químico graduado pela Escola Politécnica da Universidade de São Paulo. Pós-graduado em Administração de Empresas pela Fundação Getulio Vargas. Palestrante em temas e locais diversos, nacionais e internacionais. Ministra cursos de Formulação e Gestão de Estratégia, Gestão de Processo, Gestão de Projetos e Gestão de Mudança, para os setores público e privado.

Sandro Pizzatto Maronato Belmude

Engenheiro, graduado pela Faculdade de Engenharia Industrial (FEI). Pós-graduado em Processos Logísticos pelo Instituto de Pesquisas Tecnológicas (IPT/USP). Mestre em Administração de Empresas/Estratégia pela Faculdade de Engenharia Industrial (FEI).

Selma Cristina Muniz Rodrigues

Administradora de empresas pela Universidade Santana e São Paulo. Pós-graduada em Controladoria pelo Instituto Paulista de Ensino e Pesquisa. MBA em marketing pela Fundação Armando Álvares Penteado, com extensão na UNM, Anderson School of Management, New Mexico, EUA. Longa experiência como administradora de empresas e controller. Como consultora, realizou projetos de planejamento estratégico, de execução e gerenciamento da estratégia em diversos setores com destaque para os setores de educação, público e de serviços.

Sonia Amaro

Graduada em Engenharia Mecânica e diversos outros cursos de gestão estratégica empresarial e industrial. Pós-graduada em Administração Industrial, pelo Instituto Nacional de Pós-Graduação. Certificada como PMP (Project Management Professional). Consultora com experiência de mais de 20 anos em planejamento e negociação de assuntos estratégicos, associada à visão de negócio e com foco em resultados sustentáveis. Membro do PMI (Project Management Institute).

ATIVISTAS CONVIDADOS

Ana Carolina Lemos Chaer

Mestre em Administração de Empresas pela Nova Southeastern University da Flórida. Gerente de Projetos da Symnetics Consultoria Empresarial. Coordenou a implantação da gestão estratégica no Poder Judiciário, como diretora de Gestão Estratégica do Conselho Nacional de Justiça. Atuou como assessora de estratégia empresarial da Telefônica Mídia Internacional e do The Mony Group em Miami.

Ana María Franco Calderón

Engenheira de computação e pós-graduação em Telemática e Sistemas Distribuídos, graduada pela Universidade EAFIT de Medellín e pelo Programa Gestão Executiva da Fundação Dom Cabral de São Paulo. Principais áreas de atuação em planejamento tecnológico, planejamento estratégico empresarial, pesquisa & desenvolvimento, responsabilidade social empresarial, talento humano e desenvolvimento organizacional. Tem desempenhado diversos cargos de especialista, gerente e diretora em empresas do Grupo Empresarial ISA.

Augusto Seoane

Engenheiro de produção pela UFRJ, MBA em TI pela NCE/COPPE, APG pela AMANA KEY com cursos de pós-graduação em LeadershipTrust e Ashridge, na Inglaterra; HKUST Business School, na China; Carlson School of Management, Estados Unidos e Paris School of Management, França. Possui experiência profissional de 20 anos em empresas de grande porte, atuando na liderança executiva de unidades de negócios, planejamento estratégico, cadeias de suprimento e informática nos últimos 10 anos. Diretor da Divisão Fábrica de Latas – JBS S.A.

Christopher Davies Junior

Administrador e contador, graduado pela Instituição Toledo de Ensino de Bauru. Pós-graduado em Business Economics e mestrando em Economia pela Fundação Getulio Vargas – Escola de Economia de São Paulo. Master in Project Management (MPM) pela George Washington University. Atua no Grupo Volkswagen há mais de 15 anos e, desde 2005, nas áreas de planejamento estratégico e gestão da estratégia. Em 2009, a Volkswagen do Brasil conquistou o prêmio Hall of Fame for Executing Strategy, reconhecimento internacional entregue anualmente a organizações que alcançam bons resultados a partir da utilização do BSC. Professor e palestrante em temas ligados a Estratégia, Economia e Finanças.

Deusa Carvalho Ramos

Economista, graduada pela Universidade UNICEUB de Brasília. Pós-graduação em Administração Financeira (FGV) e em Gestão (SENAI-SC), com extensão em Gestão Estratégica (FDC), Gestão de Projetos (FGV) e Gestão do Conhecimento (UFRJ). Apoia a implementação do Balanced Scorecard nos Departamentos Regionais do Senai. Gestora do processo de gestão estratégica no Senai – Departamento Nacional.

Douglas A. Pereira

Administrador de Empresas, graduado pela Universidade da FEI. MBA pela Fundação Getulio Vargas e Especialização em Gestão Empresarial pela FIA/USP. Executivo de Relações Trabalhistas e Estratégia de RH da Volkswagen do Brasil.

Eduard C. Schardijn

Engenheiro mecânico graduado pela Faculdade de Engenharia Industrial. Pós-graduação em Administração de Empresas pela Fundação Vanzolini USP. Larga experiência na área de Desenvolvimento e Planejamento do Produto e Estratégia Corporativa na Indústria Automobilística. Liderança efetiva na conquista do "Hall of Fame" 2009, região América Latina. Membro Diretivo da EPB (Escola de Pais do Brasil), seccional Praia Grande, ministrando palestras e cursos à comunidade.

Eduardo de Toledo

Engenheiro de produção, graduado pela Escola Politécnica da Universidade de São Paulo e economista, graduado pela Faculdade de Economia, Administração e Contabilidade da Universidade de São Paulo. Cursou o International Executive Program no Insead (França). Executivo por 20 anos do Grupo Ultra, inicialmente na área financeira corporativa, posteriormente como diretor de Administração e Controle da Oxiteno, e nos últimos anos como diretor superintendente da Ultracargo e diretor da Ultrapar. Atualmente é diretor da Biopalma, presidente do Conselho do Consórcio BioVale e conselheiro da Odontoprev.

Giovanni Vescovi

Grande mestre internacional de xadrez. Líder do ranking brasileiro e heptacampeão brasileiro absoluto. Top 100 World Player. Líder do ranking sul-americano, campeão mundial juvenil por equipes. Tabuleiro 1 da equipe olímpica brasileira. Campeão pan-americano por equipes.

Jaime Caetano de Almeida

Biólogo. Pós-graduação em administração de empresas e marketing, pós-graduação em recursos humanos. Título de professor mestre em comunicação e mercado pela Faculdade Cásper Líbero. Professor de disciplinas de vendas, marketing e estratégia pelo INPG. Profissional da indústria farmacêutica há 22 anos, atualmente na área de operações estratégicas. Atua ainda como consultor de planejamento de carreiras.

João Polanczyk

Graduado pela Faculdade de Medicina da Universidade Federal do Rio Grande do Sul. Superintendente-executivo do Hospital Moinhos de Vento de Porto Alegre. Vice-presidente do Conselho Diretor e membro titular do Programa Gaúcho de Qualidade e Produtividade (PGQP). Membro titular da Academia Sul-Riograndense de Medicina.

Jovaneide Polon

Psicóloga, graduada pela Universidade Federal do Espírito Santo. Pós-graduação em Administração de Recursos Humanos, especialização em Gestão Empresarial. Mestranda em Administração pela Fucape Business School – ES. Participação do GMP II – Grupo de Melhores Práticas em Gestão da Estratégia no período de 2006 a 2007. Atuação na coordenação e execução de ciclos de planejamento estratégico em empresa de grande porte do segmento de mineração por cinco anos. Diretora da Associação Brasileira de Recursos Humanos (ES), filiada à ABRH Nacional.

Klever Kolberg

Engenheiro e piloto, conhecido por representar o Brasil no Rally. Junto com André Azevedo, criou a primeira equipe brasileira a participar dessa competição. No Rally dos Sertões, ele é bicampeão da categoria carros, além de outros pódios e vários títulos em outras provas nacionais e internacionais. Atualmente, desenvolve novos projetos preparando veículos que utilizaram bicombustíveis. Diretor e palestrante da Dakar – Inovação e Empreendedorismo, empresa focada no desenvolvimento de pessoas e equipes. Escreveu três livros (*Rally Paris-Dakar: o vírus do deserto*, *Grãos de areia: 8 anos de aventuras no Rally Paris-Dakar*, *Rali: abrindo os caminhos do Brasil*), além de ter participado de outros livros. Ele também escreve artigos para revistas, jornais e sites na internet.

Luiz Sabatino

Tem mais de 25 anos de experiência de mercado, engenheiro, trabalhou nas empresas Blue Star Line, Shell, Coca-Cola, Smart Club e Visa-Vale, em cargos de diretoria. Tem cursos de especialização no Brasil, Estados Unidos e Europa e é conselheiro pelo IBGC. Tem foco em planejamento estratégico e na transição corporativa visando a estruturação, a profissionalização e o crescimento. Atualmente está atuando com fundos de investimentos na identificação de empresas com potencial de alavancagem.

Luiza Zequi

Formada em Administração de Empresas pela PUC-SP, com especialização em Estratégia/Strategic Vision for Competitive Advantage pela Wharton University e FGV. Sólida carreira em organizações nacionais e multinacionais de grande porte como indústrias e serviços. Durante 17 anos, atuou como gestora em áreas de RH, Planejamento Estratégico e Qualidade, com foco em alinhamento da organização a processos de estratégia, impulsionando as competências de gestão estratégica, inovação e change management em todas as empresas em que atuou. Atuação especializada em design da arquitetura organizacional e *Long Term People Strategy*, totalmente vinculada à estratégia, assim como implementação da estratégia utilizando Balanced Scorecard.

Marcelo Petercem Ramos

Engenheiro mecatrônico (controle e automação), graduado pela Escola de Engenharia Mauá. Pós-graduado no curso Consultoria Empresarial pela Fundação Instituto de Administração FIA-USP. Profissional PMP certificado pelo PMI. Especialista em Gestão Estratégica. Administrador do blog sobre gestão "Voo da Gaivota", http://marcelopetercem.blogspot.com. Palestrante no tema de Gestão de Portfólio de Projetos em eventos do IQPC. Membro da Comunidade de Gestão Estratégica da Symnetics.

Mario Augusto Lima e Silva

Desde 1981, atua no setor de energia, tendo trabalhado em empresas de distribuição, transmissão, comercialização e geração de energia. Sua atuação dos últimos anos esteve focada principalmente em análise de mercado, avaliação da oferta e demanda de energia, discussões técnicas nos órgãos reguladores, avaliação de riscos, entre outros assuntos. Atualmente, dirige a área de Energia da Serveng-Civilsan, na qual é responsável pelo desenvolvimento de novos negócios da empresa. Mario tem uma sólida formação acadêmica, complementada por MBA em Gestão Empresarial pela Fundação Dom Cabral e especializações na Kellogg School of Management, em Chicago, e na Fundação Getulio Vargas.

Nayara Fernanda Alves

Contadora, graduada pela Universidade da Região de Joinville (Univille) e com MBA executivo empresarial em nível de pós-graduação *lato sensu*. Atua na área de Gestão da Tigre S.A. – Tubos e Conexões, dedicando-se à implementação do modelo de gestão e conduzindo os processos de formulação, desenvolvimento, tradução e desdobramento da estratégia nas unidades de negócios da companhia.

Paula Cristina Campoy Freire

Formada em Letras, pós-graduação em Desenvolvimento de Sistemas e especialização em Gestão por Processos. Especialista em Inovação e Otimização de processos. Profissional da indústria farmacêutica há 15 anos, atualmente na área de Inovação e Gestão Estratégica.

Pedro Faria

Sócio da Tarpon desde junho de 2003 e atualmente responsável pelo time de investimentos, fazendo parte também do Comitê de Investimentos e do Conselho de Administração. Além disso, é membro do Conselho de Administração da BrasilAgro, Direcional Engenharia, Omega Energia Renovável, Cremer e da Arezzo. Foi diretor financeiro/RI da Brasilagro desde a sua fundação até fevereiro de 2007. Antes de se juntar à Tarpon, foi sócio-diretor de private equity no Banco Pátria de Negócios, responsável pelo monitoramento de um portfólio de US$250 milhões. Também trabalhou no Chase Manhattan Bank e no Patrimônio/Salomon Brothers. Cursou administração de empresas na Fundação Getulio Vargas, em São Paulo, e fez MBA na Universidade de Chicago.

Raul Javales

Especialista em Gestão de Negócios, Estratégia Empresarial e Gestão de Projetos pela FGV-EAESP, especialista em e-Business pela FEA-USP, economista e engenheiro de sistemas. Atua na área de Estratégia Empresarial, Gestão de Projetos, Business Intelligence e Inovação. Possui 22 anos de experiência profissional nas áreas financeira e educacional, como arquiteto de sistemas, diretor de tecnologia e head de Estratégia BICC (Business Intelligence Competence Center) e PMO.

Rodrigo Cammarosano

Administrador, graduado pela Universidade Estadual Paulista (Unesp). Pós-graduação em Finanças pela Fundação Getulio Vargas (EAESP-SP) e MBA em Negócios pela Universidade de São Paulo (FIA/USP). Possui experiência como gestor nas áreas de Planejamento Estratégico e Planejamento Financeiro em grupos empresariais nacionais e multinacionais de grande porte.

Rômulo Provetti

Administrador, formado pela FAGV. Pós-graduação em Administração e Gerência pela Fundação João Pinheiro. Especialização em Gestão Estratégica pela Universidade Federal de Minas Gerais. MBA Executivo em Gestão de Negócios de Energia Elétrica e Gás Natural pela Fundação Getulio Vargas. Participa do Planejamento e Gestão da Estratégia da Cia. Energética de Minas Gerais (Cemig). Participa da Comunidade de Gestão da Estratégia.

Sandra de Mattos

Pedagoga empresarial. Cursando MBA Executivo em Saúde pela Fundação Getulio Vargas do Rio Grande do Sul. Analista de Gestão e Desenvolvimento Organizacional do Hospital Moinhos de Vento de 2006 a 2009, sendo responsável pelo processo de Gestão da Estratégia da organização. Atualmente, gerencia o Hospital Moinhos de Vento na unidade do Shopping Iguatemi.

Silvia Rocha Coelho Lima

Economista, graduada pela Universidade Federal do Espírito Santo. Pós-graduada em Comércio Exterior e Finanças. Mestrado em Administração pela Ohio University. Atualmente, é superintendente de planejamento econômico-financeiro na Usiminas. Anteriormente atuou como coordenadora de planejamento e projeção na ArcelorMittal Tubarão.

Simone Soares

Graduada em Engenharia Química pela Universidade Federal do Rio de Janeiro e pós-graduada em: Engenharia da Qualidade, Marketing Empresarial e Gestão de Projetos. Quality Engineer in Training pela American Society for Quality Control. Atua desde 2005 na Vale e, hoje, ocupa o cargo de engenheira master da Diretoria de Pelotização. Nessa organização, foi responsável pela implementação do modelo de gestão, bem como por toda a implementação do Balanced Scorecard (BSC) para definição e monitoramento da estratégia, implementação da gestão de desempenho e remuneração variável, certificação ISO 9000, 6Sigma, CCQ, e 5S.

Tarcisio Albuquerque Queiroz

Economista com especializações em gestão de projetos, gestão corporativa e reestruturação de empresas. Na Cemig há 23 anos, trabalhou principalmente nas áreas de planejamento estratégico e corporativo. Participou de projetos corporativos como implantação de ERP e reestruturação organizacional, atuando com gestão de mudança. Hoje atua como superintendente da Assessoria de Planejamento e Gestão da Estratégia, auxiliando no desenvolvimento e na implantação da estratégia em todo o grupo Cemig. Capacitações mais recentes pela Fundação Dom Cabral, INSEAD e Instituto Brasileiro de Governança Corporativa (IBGC). É membro do Conselho de Administração da Cemig Telecom.

Walfredo Knipp

Psicólogo, psicoterapeuta, graduado pela Universidade Federal de Minas Gerais. Pós-graduação em terapia sistêmica e com especialização em leitura corporal, sexualidade humana, terapia para casais. Palestrante em temas e locais diversos. Ministra cursos para o desenvolvimento das relações humanas em empresas. Membro efetivo da Associação Mineira de Terapia Familiar (Amitef).

Ziléa Santos Barrilari

Diretora-adjunta de Suporte a Operação e Tecnologia – Real Tokio Marine Vida e Previdência, atual empresa do Grupo Santander. Administradora de empresas formada pelas Faculdades Associadas de São Paulo, com MBA em Seguros e Previdência pelo Ibmec e Resseguros pela Funenseg (Fundação Nacional de Seguros). Especialização em Gestão de Projetos pela FIA–USP. Presidente da Comissão de Tecnologia da Fenaprevi (Federação Nacional de Previdência) no período de 2008-2009. Atualmente atua como superintendente de tecnologia na BrasilPrev, *joint venture* entre Banco do Brasil e Principal Finance Group.

AGRADECIMENTOS

Esta obra é fruto de anos de pesquisa, estudos e de um árduo trabalho de equipe, da participação direta e indireta de muitas pessoas. Jamais seria possível materializar esta visão tão plural que pretendemos oferecer do Ativista da Estratégia sem a participação de todos os envolvidos, sejam os membros da Comunidade de Gestão da Estratégia (CGE), os consultores da Symnetics, e os profissionais e especialistas das mais diversas áreas que, em seus respectivos campos de atuação, nos inspiraram e ensinaram uma parte importante que compõe nosso Ativista. Escrever este livro foi como montar um grande quebra-cabeça. Coube a nós organizadores desenhar o arcabouço conceitual da obra, sua espinha dorsal, coordenar a escrita das diversas partes, dar *feedback* aos autores e buscar construir um todo coerente, respeitando os diferentes estilos, mas garantindo uma identidade comum.

Assim queremos ressaltar aqui nosso profundo agradecimento:

- Aos 26 executivos que nos brindaram com suas histórias de vida como Ativistas, insumo fundamental do livro, são eles: Ana Carolina Lemos Chaer, Ana María Franco Calderón, Augusto Seoane, Christopher Davies Junior, Deusa Carvalho Ramos, Douglas A. Pereira, Eduard C. Schardijn, Eduardo de Toledo, Jaime Caetano de Almeida, João Polanczyk, Jovaneide Polon, Luiz Sabatino, Luiza Zequi, Marcelo Petercem Ramos, Mario Augusto Lima e Silva, Nayara Fernanda Alves, Paula Cristina Campoy Freire, Pedro Faria, Raul Javales, Rodrigo Cammarosano, Rômulo Provetti, Sandra de Mattos, Silvia Rocha Coelho Lima, Simone Soares, Tarcisio Albuquerque Queiroz, Ziléa Santos Barrilari.
- A toda a equipe Symnetics, em especial aos 16 consultores que se desdobraram para apoiar com o texto das Faces: Anderson Penha, Antonio Sorbara

Jr., Fanny Schwarz, Frederico Michel Magalhães, Ilana Kogan Goldsmid, Jarbas Cerávolo Guimarães, Jayme Alexandre Dias de Lima, José Paulo Gonçalves Silva Júnior, Leonardo Leal de Sá, Luis Cláudio Pinho, Maria Auxiliadora Moraes Amiden, Mathias Mangels, Rogério Desio Caiuby, Sandro Pizzatto Maronato Belmude, Selma Cristina Muniz Rodrigues, Sonia Amaro.

- A Walfredo Knipp, psicólogo e psicoterapeuta, especialista em terapia sistêmica que nos ajudou na face do Terapeuta.
- A Flavio Frydman, navegador.
- A Giovanni Vescovi, grande mestre internacional de xadrez e um dos mais importantes enxadristas brasileiros que nos ajudou com a face do Jogador de Xadrez.
- A Klever Kolberg, brasileiro pioneiro no Paris Dakar que nos ajudou com a face do Navegador.
- A Cavani Rosas, desenhista, pintor e escultor brasileiro, pelas nove gravuras em bico de pena deste livro.
- Pelo trabalho incansável da ONG Instituto Rukha para quem os rendimentos advindos dos direitos autorais desta obra foram revertidos.
- Agradecemos aos mentores que nos inspiraram e nos inquietaram desde sempre com suas ideias:
    - as ideias do pensamento integrador de Roger Martin e Mihnea Moldoveanu da Rotman School of Management;
    - as ideias de cocriação de valor dos amigos Venkat Ramaswamy e Francis Gouillart;
    - o conceito e prática do psicodrama de Jacob Levy Moreno;
    - o pensamento complexo de Edgar Morin e dos colegas Humberto Mariotti e Cristina Zahuy da Business School São Paulo;
    - o pensamento sistêmico de Peter Senge, Otto Scharmer e Donella Meadows;
    - do amigo Salvador Raza, filósofo e pensador brasileiro;
    - as ideias de Tim Brown e Tom Kelley, fundadores da Ideo.

Além disso, há três pessoas que, apesar de não aparecerem em destaque no livro, tiveram um papel crucial em nos apoiar na coordenação dos trabalhos: Daniela Marques Luciano, Andrea Dias e Vivian Tietze Daruiz. Sem elas talvez esta obra não tivesse acontecido.

Por fim, este livro, cocriado com todas essas pessoas, é dedicado a todos aqueles que trabalham, trabalharam ou pretendem trabalhar como Ativistas da Estratégia. Esperamos que esta obra possa inspirar o ativismo da estratégia em organizações privadas, públicas e não governamentais. Nossa sociedade precisa mais e mais de verdadeiros Ativistas, que possam provocar mudanças, nas mais diversas esferas, com o objetivo de deixar um mundo melhor para esta e as próximas gerações.

André Coutinho
Saulo Bonassi

INSTITUTO RUKHA

Os rendimentos advindos dos direitos autorais desta obra serão revertidos para:

O Instituto Rukha nasceu de uma indignação com o nível de degradação dos valores humanos e tem como missão envolver e mobilizar todos os segmentos da sociedade para que tenham consciência de seu papel como participantes da realidade social, visando a criar vínculos e construir redes capazes de deflagrar um amplo processo de participação de todos na mudança desse cenário.

Em São Paulo, o instituto desenvolve seu trabalho na Zona Sul, por meio do Projeto Virada, que atua diretamente na vida de crianças, jovens e famílias em situação de risco e trabalho infantil, retirando do trabalho nas ruas crianças e adolescentes, garantindo seu ingresso, permanência ou regresso à escola formal e a inserção em programas de educação complementar. Promove o desenvolvimento biológico, psíquico e social das famílias, crianças e adolescentes participantes, gerando condições para a viabilização de projetos de vida que garantam autonomia econômica e social.

Acesse o site: www.rukha.org e conheça mais do trabalho do Rukha.

SUMÁRIO

INTRODUÇÃO

O Ativista da Estratégia

SAULO BONASSI E ANDRÉ COUTINHO

O conceito de planejamento estratégico tem mais de 50 anos. Henry Mintzerg, em seu livro *Safári da estratégia*, de 1998, alcançou 10 escolas de estratégia.[1] Mintzberg já havia sinalizado que as escolas de estratégia eram, em sua maioria, lideradas por não administradores, como o educador Chris Argyris e sua escola de aprendizado estratégico, ou por economistas como Michael Porter, com a escola do posicionamento estratégico. Uma coisa é certa: ao longo do tempo, foi se criando uma dicotomia entre dois aspectos essenciais na estratégia: sua formulação *versus* sua efetiva implementação. Esse dilema foi intensificado pelas escolas de negócio (MBAs) e consultorias, que passaram a separar ainda mais estes dois mundos numa divisão artificialmente estabelecida. Por outro lado, na década de 1990 diversos estudos mostraram o abismo entre estratégia e execução. E as organizações, de maneira geral, continuam com dificuldade não só de conceber boas estratégias, mas sobretudo de mobilizar recursos (humanos, financeiros, técnicos) para tirá-las do papel. No trabalho de criar a ponte entre estes dois mundos aparentemente distantes – dos estrategistas que pensam e de pessoas que executam, ou da arte de criar estratégias e da ciência de levá-las à implementação –, temos presenciado a figura de um personagem crucial nesta jornada: os *Ativistas da Estratégia*. Tais profissionais são verdadeiros guardiões da estratégia, buscando conectar dois mundos aparentemente desconexos: o da formulação e o da execução. Esse papel vem se configurando, inclusive, como uma nova e emergente profissão dentro das organizações.

Inicialmente, perguntamo-nos como começa uma profissão. Se voltarmos no tempo, milhares de anos, não havia profissões; caçávamos, pescávamos, e, no início, sequer plantávamos. Nessa época, já havia aptidões, especializações, mais fundamentadas na experiência do que alicerçadas na teoria. Depois desenvolvemos uma série de habilidades em agricultura; em seguida, começamos a estruturar esses conhecimentos em um conjunto de disciplinas: medicina, engenharia, direito.

> *Profissão é um trabalho ou atividade especializada dentro da sociedade, geralmente exercida por um profissional. Tais trabalhos e atividades geralmente requerem estudos extensivos e o domínio de um dado conhecimento, tais como biomedicina, advocacia ou engenharia, por exemplo.* (Wikipédia)

---

[1] Henry Mintzberg, *The Strategy Safari*, Freepress, 2004.

Em se tratando de estratégia, no campo organizacional presenciamos o surgimento de uma nova profissão: o profissional de gestão da estratégia. Esse profissional, em verdade, carrega consigo todo um corpo único de conhecimentos em torno da temática "estratégia". Ele não é necessariamente o responsável pela concepção de estratégias, mas aquele que facilita o processo, monitora sua evolução e trabalha em sua disseminação, tornando a estratégia uma parte articulada no complexo sistema de gestão das empresas. Em 2004, Robert Kaplan, da Universidade de Harvard, e David Norton, cocriadores do conceito do Balanced Scorecard, fizeram sua primeira publicação, um ensaio, sugerindo uma nova e emergente profissão: "Strategic Management: An Emerging Profession",[2] e provocam:

> *Revolucionário? Certamente evolucionário, uma ideia cujo momento chegou. Kaplan e Norton propõem aqui um novo papel profissional multifuncional: a gestão da estratégia. Supervisionar a chave para o futuro desempenho da organização – a execução da estratégia e tudo o que engloba, desde a formulação da estratégia e seu alinhamento até a gestão de mudanças e governança – já não pode mais ser executado de forma isolada e estanque. É hora de dar à gestão da estratégia a autoridade e amplitude que ela merece.*

Em outubro de 2005, os autores publicam na *Harvard Business Review*[3] o conceito do Escritório de Gestão da Estratégia (Office of Strategy Management – OSM). Neste, eles defendem que, para a maioria das organizações, estratégia e execução são mundos quase desconectados e que estabelecer uma unidade dedicada a orquestrar ambos pode ajudar a construir essa ponte tão importante para o sucesso das organizações.

Esse conjunto de atribuições, competências, habilidades e atitudes acabou abrindo espaço para uma nova disciplina da gestão, assim como para o desenvolvimento de áreas, unidades ou comitês dentro das organizações dedicadas ao tema com o desafio de garantir a gestão eficaz da estratégia em um ambiente cada vez mais dinâmico e complexo. Nos Estados Unidos, esse

---

[2] Fonte: *Balanced Scorecard Report*, Jan/Feb 2005.

[3] Fonte: *Harvard Business Review*, Oct 2005.

profissional ficou conhecido como SMO (Strategy Management Officer), ou ainda o CSO (Chief Strategy Officer). No Brasil, percebemos que as organizações adotaram diferentes nomenclaturas para inserir esse profissional e a área organizacional que passaram a integrar: a Unidade de Gestão da Estratégia, a Área de Planejamento e Gestão da Estratégia ou Escritório de Gestão da Estratégia. Por vezes, essa é uma função compartilhada com outras áreas ou processos das organizações, a exemplo das áreas de Marketing, Recursos Humanos, Finanças, Qualidade ou Novos Negócios. O fato é que as organizações têm criado espaços importantes para esses profissionais. Abre-se uma nova opção profissional, tanto aos jovens que pretendem trabalhar com estratégia quanto aos profissionais experientes que no passado tinham de escolher entre profissões já existentes, como Recursos Humanos, Finanças ou Marketing.

Mas... e a profissionalização da gestão da estratégia? A profissionalização tem beneficiado muitas funções dentro das organizações. Para os executivos financeiros ou CFOs (Chief Financial Officers), é possível estudar finanças em excelentes escolas de negócios, associar-se a entidades de classe para aprimorar sua rede de relacionamento e filiar-se a órgãos técnicos que ajudem na disseminação de melhores práticas da profissão. No Brasil, entidades como Ibef (Instituto Brasileiro de Executivos Financeiros) e Anefac (Associação Nacional de Executivos de Finanças, Administração e Contabilidade) ou órgãos como o CFC (Conselho Federal de Contabilidade) e Abrasca (Associação Brasileira de Companhias Abertas) cumprem, de maneira notável, esse papel. Também não será difícil para profissionais de tecnologia da informação, de marketing ou de recursos humanos encontrarem boas escolas para estudar, entidades de classe para se relacionar e órgãos técnicos para seguir. Outro bom exemplo é o caso dos profissionais que trabalham com gestão de projetos. Eles têm à disposição um renomado instituto internacional, o PMI (Project Management Institute), que, além de fornecer formação, certifica profissionais e define padrões e boas práticas para a profissão. No entanto, o mesmo não acontece com os profissionais que trabalham com estratégia. Ainda que tenhamos ótimas escolas que nos ensinem noções de estratégia, a profissão não é organizada em entidades ou institutos, nem amparada por órgãos técnicos.

Ora, se por um lado a disciplina da estratégia (formulação + execução) foi fundada por não administradores, se a profissão, até hoje, ainda não foi regulamentada, então começamos a nos perguntar: Quem é de fato, como pensa e como age o profissional de estratégia? Será que realmente a gestão da estratégia é uma nova profissão, uma nova função e uma nova unidade dentro da organização? Ou não seria estratégia uma competência organizacional distribuída entre vários profissionais de diferentes áreas, cargos e funções? Considerando que estratégia é uma disciplina complexa, sistêmica, transversal e transdisciplinar nas organizações, ela não seria a combinação de papéis a serem exercidos na organização por diferentes profissionais? Estas e outras questões nos intrigaram por muito tempo e são a base das reflexões ao longo deste livro. De toda forma, independentemente do porte ou tipo de organização, o que temos visto na prática é que ter um ou mais guardiões da estratégia, responsáveis por empreender esse campo de conhecimento nas organizações, traz enormes benefícios. O surgimento do profissional de gestão da estratégia, sem dúvida, responde a uma parte de nossa pergunta, uma pequena parte.

Nas décadas de 1970 e 1980, influenciados pelo modelo japonês de gestão, a qualidade total tomou corpo e ganhou importância nas organizações: tornando-se um novo corpo de conhecimento, recebeu unidades organizacionais e uma nova profissão, a do "gestor da qualidade". Desde o final dos anos 1990, temos percebido que a gestão da estratégia parece percorrer essa mesma trajetória.

Notamos algo curioso nas várias organizações com as quais conversamos nestes últimos 10 anos e que irão nos brindar com seus depoimentos neste livro. Em comum a todos os profissionais de estratégia dessas organizações, percebemos características como proficiência, engajamento e determinação. Mais do que um papel profissional técnico, os profissionais de estratégia são protagonistas, Ativistas da Estratégia:

> *Ativismo consiste na ação intencional de trazer mudanças sociais, políticas, econômicas e ambientais.* (Wikipédia)

Ativistas da Estratégia, militantes no papel de transformar a estratégia em processo contínuo e em competência essencial nas organizações. Ativismo normalmente é sinônimo de manifestação, mas o sentido proposto aqui é de um trabalho intenso que envolve criação, articulação, mobilização, facilitação, análise e educação. O Ativista da Estratégia passou a ser, assim, nossa representação, nosso arquétipo. Uma espécie de profissional ideal, aquele que reúne a combinação de atribuições, competências, habilidades e atitudes do que seria um profissional completo. E partindo do princípio de que essas competências não estão, necessariamente, em um único profissional.

Assim como todos nós na vida, o arquétipo do Ativista da Estratégia é composto de diferentes papéis. Nós, autores desta Introdução, além de executivos e sócios de uma empresa, somos consultores, professores, pais, filhos de nossos pais – estes são alguns de nossos papéis na sociedade. Pois bem, o arquétipo do Ativista traz, portanto, em si uma série de papéis, o que chamaremos ao longo do livro de *faces do Ativista da Estratégia*. Mais do que a tarefa de um único profissional, é através da integração de distintos papéis que a estratégia é formulada e executada nas organizações.

Ao longo de *O Ativista da Estratégia*, tentaremos compreender, através dessas faces, não só o que pensam, mas a forma como agem, como "operam" os profissionais de estratégia em organizações privadas, governamentais e ONGs. Veremos que os Ativistas emergem em diversos níveis da organização, tais como presidente, diretores, gerentes, analistas, entre outros; em diversas áreas: planejamento, marketing, finanças; em diferentes configurações: unidade, escritório, comitê, área, departamento ou núcleo de estratégia.

O Ativista pode ser a principal liderança em uma organização, mas, em muitos casos, ele é de fato um de seus principais parceiros, cuja missão é levar a bandeira da estratégia a todos os *stakeholders*. Várias são as publicações sobre liderança, de líderes que inspiram. No entanto, seus fiéis escudeiros ficam relegados ao esquecimento. *O Ativista da Estratégia* trata de heróis por vezes esquecidos, como Sancho Pança, na história de Dom Quixote, Dr. Watson em Sherlock Holmes e os amigos "João Pequeno" e "Frei Tuck" em Robin Hood, personagens que desempenham papel crucial para o êxito ao final do caminho, a própria implantação da estratégia. Este livro se propõe a navegar pelo fascínio de uma atividade essencialmente complexa, sistêmica, transversal e transdisciplinar que, por muito tempo, foi menosprezada nas organizações e por seus vieses funcionais, hierárquicos e operacionais. Vamos retratar a história de profissionais que, ao exercerem diferentes papéis na estratégia, tornaram-se verdadeiros agentes de transformação das organizações.

Mas onde está a fonte de nosso conhecimento? No início de 2003, criava-se, no Brasil, o GMP (Grupo de Melhores Práticas em Gestão da Estratégia), composto por um time de executivos e organizações que compartilhavam desafios comuns relacionados a temas de estratégia e gestão. Em meados de 2005, a partir da experiência deste grupo, foi publicado o livro *Gestão da estratégia: experiências e lições de empresas brasileiras* (Campus/Elsevier), que explora as jornadas de aprendizado estratégico de 15 organizações brasileiras. O grupo evoluiu, cresceu e se expandiu também para outros países da América Latina. Nesse processo de evolução, acabou ganhando outra marca e atualmente chama-se CGE – Comunidade de Gestão da Estratégia. Essa comunidade se reúne a cada dois meses, e uma vez por ano há um Encontro Latino-Americano que congrega as diversas comunidades da região, incluindo executivos da Argentina, Chile, Colômbia, México e Uruguai. Hoje, no Brasil, fazem parte dessa comunidade 22 organizações, mas já passaram por esse grupo mais de 40 organizações, que, de alguma forma, contribuíram na construção do conhecimento exposto neste livro. Ficamos extremamente gratos pelos executivos da CGE, nossa fonte máxima de conhecimento. A CGE é formada por verdadeiros Ativistas da Estratégia.

Organizações que participaram do CGE:

- Alberto Pasqualini – Refap
- Primo Schincariol Indústria de Cervejas e Refrigerantes
- Duke Energy Internacional Geração Paranapanema
- Arezzo Indústria e Comércio
- Rexam Beverage Can Saouth America
- Energias do Brasil – EDP
- Banco Mercedes-Benz
- Serviço Brasileiro de Apoio as Micro e Pequenas Empresas – Sebrae
- Grupo Gerdau
- Caixa Econômica Federal
- Suzano Petroquímica
- Instituto Euvaldo Lodi – IEL/NC
- Companhia de Transmissão de Energia Elétrica Paulista
- TIM
- Mineração Corumbaense Reunida (Rio Tinto)
- Companhia Vale do Rio Doce
- Usiminas Siderúrgicas de Minas Gerais
- Oxiteno Indústria e Comércio
- Construtora Andrade Gutierrez
- Volkswagen Serviços Financeiros
- Petrobras Abastecimento
- Petrobras Transporte – Transpetro
- Petroquímica Triunfo
- CST Arcelor Brasil
- Arcelor Mittal Tubarão
- Rede Nacional de Ensino e Pesquisa – RNP
- Eletropaulo Metropolitana Eletricidade de São Paulo
- Associação Hospitalar Moinhos de Vento
- Samarco Mineração
- Golden Cross A. I. S.
- Banco Nacional de Desenvolvimento Econômico e Social
- Serviço Nacional de Aprendizagem Industrial (Senai/DN)
- Hospital Alemão Oswaldo Cruz
- Cemig – Companhia Energética de Minas Gerais
- Telemar Norte-Leste
- Laboratórios Pfizer
- Companhia Paulista de Força e Luz
- Unibanco
- Natura Logística e Serviços
- Confederação Nacional da Indústria
- Volkswagen do Brasil
- Petrobras
- Copel Distribuição
- Copesul – Companhia Petroquímica do Sul
- Petroflex Indústria e Comércio

AS FACES E AS HISTÓRIAS

Este livro está fundamentado em dois pilares. O primeiro, o da analogia das profissões, e o segundo, o das histórias de profissionais.

A analogia das profissões

Nosso arquétipo Ativista da Estratégia foi traduzido em nove faces ou papéis, cada uma das faces uma representação daquela profissão que mais se aproxima do papel exercido pelos profissionais de estratégia. Através de metáforas e comparações, traçaremos um paralelo entre a profissão análoga e as atividades exercidas pelos profissionais de estratégia. Dessa forma, a soma das faces dá origem ao arquétipo ideal ou ao profissional completo de estratégia. As analogias com as profissões são uma forma didática de representar o que pensam e como agem ("operam") os profissionais de estratégia. As nove faces são:

O Jogador de Xadrez (estrategista). Aquele que integra o pensamento estratégico às ações organizacionais, antecipando o movimento dos concorrentes, mudanças de caráter geral no mercado ou na sociedade, bem como as transformações organizacionais necessárias para se alcançar um posicionamento sustentável de longo prazo. Apoia os principais executivos da organização na construção da visão de futuro, dos cenários, na formulação da estratégia e na identificação de alternativas estratégicas com foco na geração de valor para os *stakeholders*. Estrategista, visionário, busca compreender bem as regras do jogo, reforça a importância das escolhas, do foco, da busca de um posicionamento competitivo único e de fato diferenciador. É o nosso estrategista em ação.

O Engenheiro (estruturador). Busca decompor a estratégia em suas partes fundamentais constituintes, a fim de aprofundar o entendimento do todo, de forma a garantir a viabilidade da implementação e a gestão de ações estratégicas. Vincula a estratégia aos processos e projetos através de uma estruturação lógico-quantitativa que permita compreender as relações e interações entre seus elementos. É o responsável pela tradução da estratégia em termos operacionais e tem o desafio de transformar algo intangível como a estratégia em algo prático, que possa ser executado, medido e acompanhado. É o nosso estruturador em ação.

O Arquiteto (integrador). Idealiza o sistema de gestão da estratégia da organização, desenhando e integrando a estrutura à estratégia, procurando tornar o sistema resiliente e adaptável o suficiente diante dos contextos de mudança. Concebe a integração dos sistemas estratégicos, táticos e operacionais de gestão, considerando a necessidade de uma visão integrada de planejamento, orçamento, alocação de recursos, avaliação de desempenho e tomada de decisões. Busca o alinhamento entre a estrutura organizacional e o desdobramento da estratégia, obtendo ganhos de sinergia entre unidades de negócio, áreas ou funções. Tem, como grande desafio, desenhar um sistema único e integrado de gestão, que contemple a estratégia, a estrutura e a cultura da organização. É o Ativista no desenho de um sistema integrado de gestão. É o nosso integrador em ação.

O Educador (facilitador da aprendizagem). Atua como facilitador e mobilizador da organização na direção da estratégia, promovendo a aprendizagem sobre a estratégia, buscando atualização contínua do melhor saber e de práticas aplicáveis ao seu contexto. Busca integrar a experiência dos gestores, os novos conhecimentos, gerando reflexões que propiciem mudanças e redirecionamentos estratégicos. Tem o desafio de capacitar e promover a aprendizagem de toda a organização nas melhores práticas e competências para a gestão da estratégia. Abre caminho através de um forte senso de missão pessoal e comprometimento com o destino compartilhado das pessoas, reforçando a comunicação e a necessidade de engajamento de todos os membros. Não se cansa de comunicar e mobilizar a todos. É nosso professor ou facilitador em ação.

O Navegador (ritmista). É o navegador de um rali de automóveis, o equivalente ao "tático" num barco a vela ou o "tocador de bumbo" de uma escola de samba. Tem uma visão conectada com o contexto de atuação da organização, tanto externo (mercado, concorrentes, clientes) quanto interno (processos, recursos humanos, produtos, capacidades), o que permite gerar orientações e recomendações que subsidiem decisões a partir de uma visão mais ampliada, considerando o curso e o ritmo de implementação da estratégia. É o guardião do(s) mapa(s), está sempre analisando as informações (externas e internas) e buscando garantir o rumo planejado e assegurar o ritmo da implementação da estratégia. Apoia as lideranças a tomarem as melhores decisões quando há necessidade de rever o caminho. Acompanha tanto os mapas internos do percurso quanto eventuais mapas externos sobre, por exemplo, as condições meteorológicas. É o nosso guia em ação.

O Terapeuta (agente da mudança). Promove o ambiente e as condições necessárias para as mudanças demandadas pela estratégia, criando abertura e estímulo para o diálogo compartilhado, expandindo ou reconstituindo modos de pensar que permitirão a ação renovada. Conduz os participantes na formulação de novas perspectivas e no desenvolvimento de novas hipóteses estratégicas, trabalhando resistências internas, de forma a convergir interesses individuais em prol de um comprometimento compartilhado do grupo. Como estratégia envolve mudança, esse profissional conhece e reconhece a importância de trabalhar o lado *soft*, porém não menos importante, da implementação da estratégia. É o nosso agente de mudança em ação.

O Designer (criador de futuros alternativos). Ajuda a moldar futuros que façam sentido para as pessoas. O designer ou "design thinker", que é aquele que pensa e opera como um designer, essencialmente procura trabalhar o enfoque humano da experiência. O "design thinking" é uma alternativa ao pensamento convencional baseado na análise, em que se busca, em primeiro lugar, analisar todas as alternativas, para depois escolher a melhor. O designer trabalha na criação (ou cocriação) de estratégias, processos, serviços, modelos de gestão que sejam válidos e, para tanto, realiza um trabalho exploratório que o leva, muitas vezes, a conceber soluções não conhecidas; daí a inovação. A face designer do Ativista, também conhecida como "design estratégico" (o *locus* no qual a estratégia/gestão se choca com o design), é considerada hoje um dos conceitos que mais irão influenciar as práticas de gestão das empresas na próxima década. É o nosso criador em ação.

O Empreendedor (viabilizador de ideias). Está em busca de oportunidades de negócio, empresariando ideias ou projetos que beneficiem clientes ou a sociedade como um todo (o empreendedor social). O empreendedor visualiza espaços de mercado normalmente não ocupados, idealizando formas de preencher esse espaço, articulando os meios (pessoas, parceiros, recursos financeiros, infraestrutura) e trabalhando na implementação do novo "empreendimento", sempre de forma inventiva, arrojada e persistente. É o nosso viabilizador em ação.

O Político (articulador). Contempla os interesses e as prioridades individuais dentro de um processo de negociação, com o fim de buscar alinhamento entre as partes passíveis de transformação em ações estratégicas que representem o interesse da organização, trazendo o real sentimento de propriedade e comprometimento. É o nosso articulador em ação.

Cada uma dessas faces representa um capítulo do livro, constituindo os nove primeiros capítulos. Gostaríamos de agradecer imensamente a colaboração dos profissionais da equipe da Symnetics, que foram a fundo no entendimento de como pensa e age ("opera") cada um desses profissionais.

As histórias reais de profissionais

Os 25 executivos de organizações brasileiras que contribuíram para este livro narraram suas experiências profissionais através de suas histórias. O que, em inglês, denomina-se *story telling* nada mais é do que a arte de contar histórias ou estórias, a mais antiga, tradicional e talvez ainda uma das mais eficientes formas de transmitir conhecimento. Usada antes mesmo da escrita, e responsável por muito do que aprendemos até os dias de hoje. Afinal, quem não se lembra de uma história contada por seus avós, tios ou pais? O desafio aqui foi captar os reais desafios, experiências, atitudes, lições, conhecimentos, aprendizados, acertos, erros, preocupações dos Ativistas, com o propósito de conectar os leitores de forma racional e emocional com a realidade por trás das histórias.

Assim, como insumo fundamental para escrever este livro, estão histórias verdadeiras de profissionais de estratégia. Além dos depoimentos desses 25 executivos através de suas histórias, foram entrevistados diversos profissionais reais, como jogadores de xadrez, designers, navegadores de rali, arquitetos e terapeutas, que nos ajudaram a trazer novas perspectivas e aprofundar o entendimento do perfil desses Ativistas. Estas histórias e experiências enriqueceram significativamente nosso texto.

O Capítulo 10 deste livro será dedicado a explorar os principais papéis e responsabilidades dessa área emergente das organizações – a unidade ou o escritório de gestão da estratégia. O Escritório de Gestão da Estratégia se propõe a protagonizar boa parte das faces do Ativista da Estratégia. A ideia aqui é mostrar como tem sido estruturada essa unidade, explicitando alguns dos principais processos e métodos que têm sido utilizados, os quais, por sua vez, incorporam diversas das faces ou papéis apresentados no livro. Para subsidiar esse capítulo, será apresentada uma pesquisa realizada com a Comunidade de Gestão da Estratégia (CGE) no Brasil e na América Latina, que conta como essas organizações têm se estruturado para enfrentar os principais desafios relacionados à estratégia e à sua execução. Esse capítulo contará também dois casos: um de organização privada e outro pública, que nos brindarão com suas experiências.

Por fim, temos as **Considerações finais: integrando perspectivas**, em que os autores fazem uma síntese dos principais aprendizados, exploram diferentes contextos estratégicos das organizações e a forma como acontece a combinação das faces do Ativista da Estratégia para endereçar os desafios estratégicos a cada um desses contextos.

Está aberto o convite! Este livro é fruto de um trabalho de equipe, muita pesquisa e empenho; e é dedicado a todos aqueles que trabalham, trabalharam ou pretendem trabalhar no futuro como Ativistas da Estratégia. Nossa sociedade precisa cada vez mais de verdadeiros Ativistas, que possam provocar mudanças, nas mais diversas esferas, com o objetivo de deixar o mundo melhor para as próximas gerações. Ainda que a sequência das faces contidas neste livro represente certa coerência lógica, ele pode ser lido de maneira contínua ou randômica, explorando cada uma das faces que melhor represente seus desafios ou os de sua organização no momento. Por fim, fica o convite para que você seja também um Ativista da Estratégia. Entre no site www.ativistadaestrategia.com.br e compartilhe suas experiências. O propósito deste livro é dar um primeiro passo no sentido de construir uma grande rede de Ativistas, e que essa disciplina de gestão possa amadurecer e evoluir, contribuindo para a realização das transformações que nossas organizações e a sociedade tanto precisam.

CAPÍTULO 1

O Jogador de Xadrez

ANTONIO SORBARA JUNIOR, MATHIAS MANGELS
E SONIA AMARO

"Aprendemos com o xadrez o hábito de não nos desencorajarmos diante do mau estado dos nossos negócios presentes, o hábito de esperar por uma mudança favorável e o de perseverar na busca de novos recursos."

BENJAMIN FRANKLIN

INTRODUÇÃO

Do *Houaiss*, temos que estrategista é aquele que é versado na arte de aplicar com eficácia os recursos de que dispõe ou de explorar as condições favoráveis de que, porventura, desfruta, com vistas a alcançar determinados objetivos. Portanto, estamos falando de artistas, pessoas que, ainda segundo o *Houaiss*, estudam, dedicam-se, apreciam e são exímias no desempenho de seu ofício.

No mundo dos negócios, a característica de estrategista é atribuída aos bons tomadores de decisão, aqueles que encontram brechas valiosas no mercado e formas viáveis de explorá-las. De forma análoga, no mundo do xadrez, o estrategista é aquele que consegue vislumbrar uma sequência de jogadas ou que encontra falhas no posicionamento das peças adversárias, que o leve ao acúmulo de vantagens e, finalmente, ao ataque indefensável sobre o rei adversário, o xeque-mate.

As possibilidades de analogia do estrategista dos negócios com o estrategista do xadrez são vastas. Já na origem do jogo, podemos encontrar um primeiro paralelo. Paulo Barcellos, fanático por xadrez, executivo e Ativista da Estratégia no BNDES, conta em sua tese de doutorado que uma lenda diz que o jogo foi inventado na Índia, por um ministro do rei à época, que queria provar ao governante a importância de contar com o apoio de seu povo. Assim, apresentou-lhe um jogo no qual o rei era peça fundamental, porém necessitava das outras todas para vencer a partida.[1]

Também quando pensamos na sequência lógica de uma partida de xadrez, é possível segmentá-la em abertura, meio do jogo e finalização, e de especial importância, principalmente para os iniciantes, são as estratégias genéricas que se podem utilizar para maior eficiência e menor risco em cada uma das etapas. Quando falamos de estratégia de negócios, temos as conhecidas estratégias genéricas de Porter como recomendações de posicionamento úteis para grande parte das empresas. Além disso, o faseamento de uma partida de xadrez

---

1 BARCELLOS, P.C.A. (2004). *Estratégia aprendizacional: integração dos conceitos de balanced scorecard, comunidades virtuais e sistemas inteligentes*. Tese. D.Sc. COPPE/UFRJ. Rio de Janeiro.

nos faz recordar e reforçar a importância de termos uma fase de planejamento estratégico imediatamente seguida da fase de execução e imediatamente seguida, por sua vez, da fase de monitoramento e revisão. Nenhuma das fases faz sentido isoladamente, e metodologias específicas podem ser utilizadas em cada uma delas para maior eficácia.

Um dos grandes mestres da história do xadrez, o russo Garry Kasparov, percebeu inúmeras dessas comparações,[2] colocou em paralelo ambos os artistas e identificou que, por exemplo, a intuição é parte valorosa do processo de tomada de decisão de ambos. Na mesma linha, ressaltou que a persistência, a dedicação, a capacidade de inovar e mesmo o trabalho em equipe são fundamentais tanto para o estrategista de empresas quanto para o enxadrista de alta performance.

O mais importante enxadrista brasileiro dos últimos 10 anos, o grande mestre internacional Giovanni Vescovi, ressalta também a importância do autoconhecimento, da capacidade de execução e de um profundo conhecimento do mercado (ou oponentes) como habilidades essenciais para o estrategista e para o enxadrista.

As demais páginas deste capítulo procurarão discutir esses e outros aspectos que tornam melhores as decisões sobre negócios e aquelas sobre jogadas no xadrez, aspectos que devem estar presentes em um verdadeiro Ativista da Estratégia.

INTUIÇÃO: IDENTIFICANDO PADRÕES

Na prática do xadrez, a intuição faz parte do jogo e das boas habilidades que um enxadrista de nível internacional deve ter. O aprendizado constante acerca de padrões de jogo proporciona que o jogador utilize na prática e de forma quase inconsciente e intuitiva suas habilidades lógicas para reconhecer

---

[2] Kasparov, Garry, *How Life Imitates Chess* (2007). No Brasil, publicado sob o título *Xeque-mate: a vida é um jogo de xadrez.*

os padrões e migrar de um padrão para outro. É a junção da inteligência estruturada com a intuição. O que pode soar antagônico é exatamente a essência da intuição: quanto mais estruturas conhecidas e experiências passadas, melhores as decisões intuitivas.

Com a estratégia de negócios ocorre o mesmo: líderes jovens e bem formados podem até acertar algumas decisões tomadas de forma intuitiva, mas a qualidade delas e a quantidade de acertos crescem com a experiência e a capacidade adquirida, no longo prazo, de identificar padrões comuns de comportamento organizacional e da dinâmica competitiva.

AUTOCONHECIMENTO, ANTES OS SEUS PRÓPRIOS PONTOS FORTES E FRACOS

Kasparov ressalta em seu livro que a principal habilidade que desenvolveu ao longo dos seis meses de confronto contra Karpov pelo primeiro título mundial foi entender seu próprio modelo e processo mental de tomada de decisão. Essa capacidade de reconhecer seus pontos fortes e fracos foi fundamental para que ele conseguisse alterar toda a sua estratégia quando o placar já estava 4-0 para Karpov e ele, Kasparov, aproximando-se de uma humilhante derrota.

Giovanni Vescovi credita ao autoconhecimento sua acelerada subida no ranking. O esforço do autoconhecimento o levou a reconhecer suas barreiras e fatores limitantes internos, proporcionando mais foco e priorização nos treinamentos, além de ajudá-lo a escolher as estratégias em que se considerava mais competente a executar.[3]

O estrategista, por vezes, adquire a personalidade similar à de um filósofo, pensador profundo, introspectivo e até mesmo solitário na tomada de

[3] Giovanni Vescovi, em entrevista concedida em 7/7/2009 a Antonio Sorbara e Mathias Mangels.

decisão, ainda que essas características apenas se manifestem no sigilo do travesseiro. O estrategista tem a coragem de se questionar, "o que estou fazendo de errado?", "por que tomei tais e tais decisões?", "que variáveis considerei e deixei de considerar para decidir?" e na sequência tomar melhores decisões baseadas no autoconhecimento que proporcionou a mudança do modelo de decisão.

O xadrez é útil também para entendermos que não há uma única estratégia correta, mas há estratégias mais apropriadas do que outras, dependendo do contexto interno e externo vigentes. A história do xadrez teve um grande mestre nos anos 1960, chamado Tigran Petrosian, conhecido como "herói da inatividade". Sua especialidade era defender-se com perfeição, aguardar que o oponente se irritasse com ataques infrutíferos e cometesse os erros que davam vitória a Petrosian. Já Kasparov conservou seu título por mais de uma década com um estilo ousado, em que as peças voavam do tabuleiro e o oponente que cometesse um mísero erro na sua frente estaria liquidado. Ambos os mestres são campeões mundiais, cada um com estilos completamente diferentes, igualmente válidos.

Nas organizações, o estrategista considera não apenas seu estilo próprio de liderança, mas também a cultura e a estrutura da empresa que lidera. As revistas de negócios estão povoadas de casos de empresas pesadas, inchadas e lentas que se aventuraram no mundo da competição dinâmica de baixo custo e naufragaram copiosamente. Ou seja, tentaram usar estratégias completamente inadequadas para seu próprio modelo organizacional de estrutura e cultura.[4]

---

[4] As tradicionais empresas de aviação que procuraram imitar a Southwest Airlines na década de 1990 são bons exemplos dessa movimentação equivocada.

DECISÃO: DEFININDO UM PROCESSO PARA OBTER MELHORES CONTEÚDOS

No xadrez de alto nível, processo e conteúdo caminham juntos. Não há bom conteúdo a partir de processos ruins; por outro lado, bons processos tendem a melhores conteúdos. Significa que um bom enxadrista reconhece o próprio processo de tomada de decisão e age em cima do processo, aprofundando, ajustando, transformando completamente o processo em busca de melhores conteúdos, ou seja, decisões.

No tabuleiro organizacional, o Ativista da Estratégia age de forma similar, questionando paradigmas, alterando os critérios de priorização, sofisticando ou focando os cenários considerados, acrescentando etapas e ferramentas ao processo de desenvolvimento de estratégias, a fim de garantir que o conteúdo das decisões tomadas durante e após o processo seja o melhor.

PERSISTÊNCIA: NÃO SE DAR POR VENCIDO, MUDAR E BUSCAR NOVAS ESTRATÉGIAS

Em 1984, Kasparov considerava-se pronto para vencer seu compatriota Anatoly Karpov e assumir o posto de campeão mundial aos 21 anos. As quatro derrotas consecutivas do confronto (Karpov buscava um 6-0, a fim de demonstrar sua supremacia) não deixaram Kasparov desanimado; antes, impulsionaram-no a buscar uma nova estratégia, algo que o oponente não esperava. No caso de Kasparov, a estratégia foi, ao invés de avançar com toda força (e correr o risco de abrir novos flancos vulneráveis), recuar mais, defender-se melhor e aguardar oportunidades certeiras de ataque.

O estrategista, em paralelo, também é dotado de grande capacidade de persistir na batalha, sem se apegar à estratégia em si. O estrategista sabe que seu maior alvo é que a organização supere a concorrência, ou sobreviva em tempos de adversidades extremas. A estratégia que será usada é um meio, e deve ser reavaliada, ajustada ou transformada caso não esteja levando a organização a seu propósito final.

Eduardo de Toledo afirma que, como executivo Ativista da Estratégia, ele sempre tem muito claro aonde pretende chegar, mas isso não o torna refém da estratégia; ele, em verdade, se permite constantemente avaliá-la e revê-la à luz das mudanças nos cenários externos e ambiente interno.

Também a persistência e a firmeza de propósitos têm servido para diferenciar bons e maus jogadores. Tanto no xadrez quanto na vida real, é muito difícil persistir nos planos elaborados quando os obstáculos surgem pelo caminho. A tendência é sempre redesenhar, reagir, mudar e, então, a visão do tabuleiro no longo prazo se perde, prevalecendo o resolver os problemas imediatos, demonstrar às plateias interna e externa que o problema foi identificado e que as ações corretivas foram tomadas. Na presença de dificuldades, o equilíbrio entre persistir na estratégia e mudar completamente de rumo é tênue, mas essa é a diferença entre os grandes mestres e os capivaras,[5] seja no xadrez, seja nas empresas. Os capivaras mudam o tempo todo de estratégia, demonstrando, assim, que na verdade não possuem uma estratégia clara. Os grandes mestres, por outro lado, têm uma visão de longo prazo e uma estratégia clara, mas se permitem ajustes quando as condições requerem.

Kasparov também nos serve de contraexemplo neste caso. Em 2000, o grande mestre defendia pela sétima vez o título mundial e, após seis vitórias incontestáveis, seu ego já lhe tapava os olhos, e sua capacidade de raciocínio era enevoada pelo excesso de autoconfiança. Quando seu oponente, Vladimir Kramnik, um ex-aluno, lhe impôs um estilo diferente em que o recuo e o jogo paciente e defensivo seriam a melhor alternativa, Kasparov permaneceu fincado em seu estilo agressivo de ataque e isso lhe custou muito caro, ou seja, custou-lhe o título de campeão mundial.

---

[5] Termo utilizado no meio enxadrístico para classificar aqueles jogadores que tentam jogar bem, mas não conseguem evoluir, e não passam de razoáveis.

ESTRATÉGIAS DE CURTO PRAZO ALINHADAS COM ESTRATÉGIAS DE LONGO PRAZO

Garry Kasparov relata que, mesmo em partidas de "xadrez rápido", em que ele dispunha de apenas 25 minutos para executar todos os movimentos (em comparação com o xadrez normal, que pode levar até sete horas), sempre existia uma estratégia norteadora de cada passo. Quando isso não acontece, o jogador se torna um coadjuvante da partida e apenas é capaz de reagir aos movimentos do oponente.

No mundo empresarial, não é diferente: o Ativista da Estratégia mantém seu foco sempre apontado para a estratégia maior da organização, seus grandes objetivos e metas, e mesmo as ações de curto prazo estão alinhadas com essa estratégia. O estrategista sabe que, para que seu modelo de negócios seja preferido pelos clientes, sua empresa deve ser protagonista no mercado, tomar decisões consistentes do ponto de vista do cliente e que fazem sentido dentro de um todo maior, chamado "estratégia de longo prazo".

OBJETIVOS INTERMEDIÁRIOS

Um grande mestre no xadrez analisa sua posição atual, vislumbra como gostaria que o tabuleiro estivesse 10 ou 20 jogadas à frente e, então, traça planos para alcançar posições intermediárias (objetivos intermediários de curto prazo) que possibilitem a estrutura final (e vencedora) do tabuleiro – da mesma forma que um estrategista de empresa define objetivos e metas de longo prazo que delimitem o alvo a ser atingido, mas depois viabiliza essa estratégia através do desdobramento das metas em ações de curto prazo que permitem que os objetivos sejam galgados pouco a pouco, porém de forma sólida.

ANÁLISE PORMENORIZADA DA CONCORRÊNCIA

É fundamental também que, além do conhecimento das fases do jogo, das regras, das estratégias e táticas, das alternativas de abertura etc., você tenha conhecimento do adversário, como ocorre atualmente nas práticas de inteligência competitiva das organizações. Para tanto, ao tomar conhecimento prévio de suas partidas anteriores, é possível, conforme alertamos, conhecer seu estilo, entender a tendência de seus movimentos, os pontos fortes e fracos de suas estratégias, pois, em geral, cada jogador tem maior competência e/ou preferência por jogar com diferentes peças em diferentes momentos. Ou seja, há competências essenciais que interferem no estilo e na estratégia de cada jogador.[6]

Garry Kasparov observa a importância do trabalho pormenorizado de avaliação que ele e uma equipe inteira de várias pessoas faziam de seus oponentes principais. Padrões de jogo que eram pouco usados pelos oponentes, ritmos de jogo (seja muito rápido ou muito lento) que deixavam o oponente desconfortável, variações inesperadas de posições, aberturas de partidas raramente usadas antes pelo próprio Kasparov, tudo isso foi utilizado com maestria pelo campeão.

Giovanni Vescovi ressalta a importância de se conhecer o oponente a fundo, e ainda a facilidade com que essa ação de inteligência pode ser executada ultimamente, com a divulgação das partidas de campeonatos importantes na internet, on-line. Com isso, o competidor pode vir de qualquer lugar do mundo, e o jogo dele não será desconhecido; dessa forma, sempre será possível definir boas estratégias de enfrentamento, conforme as forças e fraquezas identificadas previamente.

Nas empresas, tem sido papel do estrategista a utilização das informações, advindas da crescente e cada vez mais frequente área de inteligência

[6] Barcellos (2004).

competitiva e análise de concorrentes, para a elaboração de boas estratégias. De qualquer forma, vale a recomendação de Kasparov a seus seguidores de não gastarem mais tempo vigiando a concorrência do que consigo mesmos.

QUESTIONAR PARA ENTENDER E CONSEGUIR QUE ENTENDAM

"Existiam dois negócios de natureza muito distinta na empresa. Mas esses dois negócios possibilitavam uma visão perfeitamente integrada. A dúvida era se essa visão fazia sentido ou não. Quais eram os nossos diferenciais? Como podíamos competir neste mercado? Como era este mercado? Surpreendentemente, não havia nenhuma outra empresa com uma formulação desse tipo. Essa conjunção de negócios nos fazia diferentes. O que eu precisava saber era se este caminho fazia sentido para a empresa. Era importante olhar o nosso posicionamento, falar com nossos clientes, entender o mercado, para que pudéssemos compreender melhor esta questão. Contratamos também uma consultoria para nos ajudar a analisar os nossos números: a prestação desses dois serviços para um mesmo cliente nos proporcionava rentabilidade superior à obtida quando prestávamos apenas um serviço a um cliente? Tomada essa decisão de posicionamento, os passos seguintes foram educar, arquitetar, integrar e estruturar a empresa."
(Eduardo de Toledo)

O xadrez nos ensina que cada jogada deve fazer sentido dentro de um plano consistente de longo prazo. Kasparov costumava perguntar, a cada jogada de um aluno seu: "Por quê? Por que você fez esta jogada?" Levava-os assim a compreenderem os motivadores de suas decisões, como dissemos antes, qual foi o processo mental que levou àquela jogada. Mas Kasparov usava o questionamento também sobre si mesmo, perguntava sempre "por que fazer esta ou aquela jogada, o que vou ganhar com isso, quais vantagens ela proporciona e quais riscos impõe?". Do mesmo modo, o estrategista nas empresas reconhece que os projetos a serem executados devem ser os que fazem parte do portfólio de projetos alinhados com a estratégia e que passaram pelo crivo dos questionamentos "por que esse, e não aquele, quais os prós e contras de cada um?". Mas também o estrategista questiona os movimentos do mercado, por que a tendência mudou? Por que os concorrentes têm aceitado ou conseguido praticar esses níveis de preço?

HABILIDADES ESPECÍFICAS

"O Ativista precisa conhecer a cultura da empresa e entender a visão do acionista, antes de traçar a estratégia. Quando ele determina para o estrategista o que quer, neste primeiro momento, que dura anos, começa um movimento de estratégia, em que o estrategista precisa estruturar, empreender, questionar e executar a ideia do acionista. É extremamente importante para o Ativista reunir competências como comprometimento, empreendedorismo e criatividade."
(Mario Augusto Lima e Silva, Serveng-Civilsan)

Garry Kasparov costuma dizer que, assim como na arte e nas ciências, o xadrez de mais alto nível demanda habilidades superiores de seus melhores jogadores. Mas não se pode dizer que são jogadores acima da média em tudo que se relacione com memória, inteligência e outros processos mentais. O xadrez demanda competências específicas para ser praticado em seu nível máximo. Um estudo de Adriaan de Groot, realizado em 1947, expôs a um mesmo tabuleiro de xadrez dezenas de praticantes de xadrez dos mais variados níveis, que deviam memorizar as posições das peças no tabuleiro. Como se esperava, ficou comprovado que a memória fotográfica era uma habilidade requerida para o xadrez, pois, quanto maior o nível do jogador, maior era seu índice de acerto. Entretanto, 30 anos depois, outro estudo reproduziu o modelo de Groot, mas acrescentou uma variação: dispersar as peças aleatoriamente pelo tabuleiro e pedir que os jogadores as memorizassem. Qual não foi a surpresa ao se constatar que o índice de acerto era o mesmo tanto entre os grandes mestres quanto entre os amadores! O que levou os estudiosos a entenderem que não era a memória fotográfica (genericamente falando) em si o diferencial, mas uma memória fotográfica para o xadrez, mais especificamente uma habilidade superior em reconhecer e memorizar os padrões de posicionamento.

Não há dúvida de que, para um verdadeiro Ativista da Estratégia ser assim reconhecido, é necessário também um conjunto de qualidades (competências, habilidade e atitudes) específicas. A literatura de negócios e este livro estão recheados de histórias e perfis de estrategistas que demonstram (mas não encerram) algumas das características que devem ser específicas e estar presentes em nível elevado. Não podemos dizer que todo Ativista da Estratégia seja mais competente que os demais colaboradores de uma organização, mas podemos afirmar que todo Ativista da Estratégia é mais competente que os demais em implementar mudanças, analisar sistemicamente um problema, antecipar movimentações do mercado, antever oportunidades de negócio. O Quadro 1.1 traz uma lista de competências importantes para enxadristas de alta performance em paralelo com as competências requeridas de estrategistas de negócios, Ativistas da Estratégia.[7]

---

[7] Adaptado de Barcellos (2004).

QUADRO 1.1

Competências do Jogador de Xadrez	Competências do Estrategista
Concentração e autocontrole durante as partidas	Autocontrole emocional e físico na tomada de decisão
Domínio do tempo para a movimentação das peças	Domínio do timing do planejamento e execução da estratégia
Capacidade de analisar as variações de jogadas	Capacidade de reflexão abrangente e profunda
Capacidade de implementar variações de jogadas novas não previstas pelo adversário	Criatividade e inovação
Em face das infinitas possibilidades de combinação de jogadas, escolher uma	Tomar decisão com autonomia e com recursos e informações limitadas

DEDICAÇÃO: A TRANSPIRAÇÃO FAZ PARTE DO JOGO

Outro amplamente citado grande mestre do xadrez foi o cubano José Raúl Capablanca, que, ao ganhar o título mundial em 1921, em confronto com Emanuel Lasker (à época já com 60 anos), serviu de contraexemplo à dedicação e ao esforço, já que era reconhecidamente avesso à rotina de treinos e estudos. Mas a sua derrota, apenas seis anos depois (no xadrez, um título é considerado bem conservado quando chega próximo a uma década), para Alexander Alekhine comprovou que o esforço e a transpiração na preparação prévia compensam. Alekhine inaugurou um padrão regularmente observado até os dias atuais de que o sucesso não acontece por inspiração, mas sim com uma grande dose de transpiração.

A dedicação, sem dúvida, é outra característica importante dos Ativistas da Estratégia. Por outro lado, a capacidade de se dedicar inteiramente aos desafios, preparar-se continuamente para eles e permanecer sempre atualizado a respeito das tendências de mercado e práticas de gestão é essencial para que o Ativista tenha certa prontidão para a ação, ou seja, está sempre antenado e abastecido de informações para a tomada de decisão rápida e certeira.

A INOVAÇÃO QUE SURGE DA BUSCA INCANSÁVEL POR MELHORAR SEMPRE

No xadrez, inovação pode ser definida como um lance nunca antes efetuado em determinada posição. No entanto, para ter valor, essa novidade deve estar fundamentada em uma ideia. Essa fundamentação é muito importante e é a razão pela qual boas novidades são realizadas quase exclusivamente por jogadores de altíssimo nível. Não é impossível que um jogador mediano tenha uma boa ideia e execute uma novidade, mas, se isso foi resultado do acaso, é muito provável que a sequência contenha erros. Uma novidade sem consistência é uma novidade sem valor para o mundo do xadrez.

O estudo meticuloso de partidas notáveis dos grandes mestres é o principal meio de estudo e aperfeiçoamento contínuo de um enxadrista, mas a busca de variações dessas jogadas, ou seja, inovações que levem a resultados melhores e mais rápidos é o que faz um grande mestre.

Como visto, também no xadrez a síndrome da pomba branca[8] é mantida distante pelos grandes mestres. A inovação para eles é fruto de melhorias contínuas, estudo árduo, dedicação total à formulação de estratégias que vençam a concorrência. Giovanni Vescovi adota sempre a prática de rever partidas anteriores como forma de estimular o aprendizado e se preparar para partidas

---

[8] Termo utilizado por Francis Goulliart, guru da inovação, para explicar que a inovação não ocorre como mágica, não surge do nada como um insight, mas é fruto de profundo conhecimento do assunto, dedicação e transpiração. Francis costuma dizer que "boa parte das inovações tem origem em melhorias contínuas que saíram do controle".

desafiadoras. O estudo crítico das próprias partidas é uma excelente fonte de inspiração para novas ideias. Além disso, nesse nível, a concorrência certamente tomará conhecimento dessas partidas e procurará falhas ou potenciais melhorias, e então é preciso não só estar preparado, mas ter um antídoto. O grande mestre precisa estar sempre um passo à frente.

Kasparov defendia o título mundial em 1995 contra o indiano Viswanathan Anand, e o *match*, duríssimo, já marcava oito empates consecutivos quando o estudo incessante de Kasparov e sua equipe acerca de novas aberturas e jogadas do adversário fez surgir uma jogada jamais vista e que lhe permitiu conservar seu título.

Interessante notar que, em diversos trechos de seu livro, Garry Kasparov faz referência à equipe de tutores e colaboradores que o ajudaram a descobrir essas variações inovadoras, retificando o conceito de que o xadrez é um esporte estritamente individualista. O xadrez é, com certeza, jogado individualmente, porém reserva grande espaço para o trabalho em equipe.

Esse ponto de vista é compartilhado também por Giovanni Vescovi, que passou a colher resultados cada vez mais impressionantes quando passou a trabalhar com uma equipe de competentes enxadristas responsáveis por estudar o adversário, mapear suas fraquezas e fortalezas e sugerir boas estratégias de abertura e sequenciação do jogo.

Da mesma forma que no xadrez, o mundo dos negócios é fértil em estudos de caso e exemplos de empresas vencedoras, com as quais gestores, executivos, empreendedores e estudantes de administração aprendem, e a partir das quais acadêmicos, pensadores e consultores depreendem metodologias que podem ser replicadas posteriormente em outras empresas, em situações análogas. Um executivo de primeira linha prima pelo conhecimento das mais variadas técnicas de formulação de estratégias e conhece dezenas de casos de organizações no mundo todo que passaram por situações similares e venceram esses desafios. Mas um verdadeiro estrategista vai além e procura estabelecer novas conexões entre métodos, identificar padrões de comportamentos comuns entre vários casos e desenvolver soluções específicas para cada desafio que encontra. A inovação no processo de formulação e desenvolvimento da estratégia é uma constante, pois reconhece que, de processos inovadores, também brotam ideias inovadoras.

Essa analogia com o xadrez se completa ainda quando notamos que o Ativista da Estratégia procura sempre cercar-se de outros ativistas e estrategistas que o ajudem encontrar as variantes metodológicas e conceituais para o desenvolvimento de estratégias. Não se sentem impedidos de compartilhar e sujeitar suas ideias e decisões aos conselhos de mentores mais experientes, *coaches* profissionais, acadêmicos e consultores de estratégia.

VISÃO DO TODO SEM PERDER O DETALHE

Garry Kasparov vaticina que é característica dos grandes mestres de xadrez a capacidade de ver o tabuleiro como um todo. Quando no ataque, um movimento feito em um lado do tabuleiro pode gerar reflexos do outro lado; quando na defesa, uma debilidade em um lado do tabuleiro pode colocar em xeque toda a partida.

Alexander Alekhine foi um dos grandes enxadristas da história e era conhecido por seu estilo vigoroso e, principalmente, surpreendente. Era capaz de surpreender até mesmo os grandes mestres, pois explorava cada canto do tabuleiro e mantinha uma visão global do jogo enquanto a maior parte dos jogadores se concentrava no campo específico e limitado da batalha.

No tabuleiro organizacional, um grande mestre, ou seja, um verdadeiro Ativista da Estratégia, tem os olhos bem abertos a um conjunto amplo de variáveis que podem influenciar a estratégia e sua execução. Ele é capaz de ligar os diversos pontos e construir seu entendimento sobre a realidade original, surpreendente. Não reflete de forma isolada acerca das tendências sociais, políticas, tecnológicas, legais, ambientais e econômicas, mas cruza as diversas tendências, procurando identificar um padrão sistêmico que possa ser explorado de forma vantajosa pela empresa.

LIDANDO COM A CRISE

Em outubro de 1997, Sevilha (Espanha) hospedou um dos jogos mais épicos da história do xadrez entre Anatoly Karpov e Garry Kasparov. O primeiro era o desafiante, que, pela segunda vez, tentava resgatar seu título mundial. O segundo encontrava pela terceira vez, em três anos, seu maior oponente. O *match* previsto para 24 partidas contabilizava muitos empates, e um placar 12-12 favorecia o campeão, mas, na partida 23, Kasparov cometeu um grave erro e cedeu a vitória a Karpov, que passou a jogar por um empate simples na 24ª partida. O estilo conservador de Karpov era muito adequado a um empate, e Kasparov, com as brancas, tinha uma verdadeira crise instaurada, que deveria ser resolvida em menos de 24 horas. Sua receita para superar a crise foi, pasmem, sono e descanso. Nada de estudos, análises aprofundadas, reuniões com equipe. Ele já sabia qual estratégia seguir, aquela que ele já havia planejado: jogar de forma mais conservadora que o habitual, mas guardar algum viés de ousadia para pressionar o adversário e esperar por um erro dele para conseguir a vitória e a manutenção do título. E esse erro, Kasparov estava certo de que viria, pois notou na face de Karpov a exaustão física e psicológica que o *match* lhe impunha. E, se esse era o ponto fraco do inimigo, ele, Kasparov, deveria estar preparado para explorar e aproveitar a chance quando surgisse.

O xadrez permite mais uma excelente comparação com o mundo dos negócios. Um verdadeiro Ativista da Estratégia reconhece os momentos de crise aguda e, tal qual um grande mestre, demonstra absoluto controle da ansiedade, mantém-se altivo e autoconfiante, posiciona-se firme em seu propósito orientado à estratégia pretendida, procura identificar as fontes de crise ou, então, os sabotadores e busca estar preparado para resolver as situações críticas assim que as oportunidades surgirem.

Apresentamos aqui uma série de paralelos entre o Ativista da Estratégia em sua vertente estrategista e o enxadrista. Aprendemos com esses enxadristas de alto desempenho acerca da importância da experiência, "tempo de cancha", para que a intuição possa resultar em decisões rápidas e valorosas.

A identificação dos pontos fortes e fracos do próprio estrategista a fim de mapear e corrigir os vícios do processo mental de tomada de decisão, usando para isso o questionamento constante antes e depois das decisões, foi outro ensinamento encontrado ao longo das histórias apresentadas. Finalmente, pudemos aprender, com o mundo do xadrez, que há, sim, um conjunto de habilidades, como persistência, dedicação, aprendizado contínuo, busca incessante por variações, conhecimento profundo do ambiente competitivo, visão holística e inovação, que caracterizam os grandes mestres e os estrategistas de negócios.

CAPÍTULO 2

O Engenheiro

FREDERICO MAGALHÃES

"Um gênio é uma pessoa de talento que faz toda a lição de casa."

THOMAS EDISON

AS ORIGENS DA ENGENHARIA

As raízes da engenharia aprofundam-se até a Pré-História ou mais além. A primeira pedra lascada e transformada em ferramenta foi obra de algum "engenheiro" ancestral, que estava utilizando-se dos recursos de que dispunha para adaptar o meio em que vivia e trazer mais conforto e eficiência para sua tribo. Cada vez que a pedra lascada tornava-se mais afiada, os integrantes daquela comunidade aumentavam suas chances de serem mais bem-sucedidos na caça, no aproveitamento dos alimentos, nas disputas com outras tribos e nas mais variadas tarefas do dia a dia. Resultado da combinação de observação, criatividade, sentimento utilitarista e talvez até mesmo um pouco de sorte, essas primeiras obras da engenharia ditavam os rumos das pessoas da época. Desde então, o engenheiro tem desempenhado um papel da mais alta relevância para a sociedade. A engenharia moderna é fruto da união entre esse espírito prático do homem e os avanços da ciência contemporânea.

Sob uma perspectiva ampla, a engenharia pode ser entendida como a arte e/ou ciência de aliar bom-senso a conhecimento técnico, com o objetivo de inovar, analisar a viabilidade e transformar os recursos e o meio em que vivemos. Está por trás da conversão de ideias bem planejadas em empreendimentos bem-sucedidos e sustentáveis. Uma tarefa que exige um profissional ora especialista, ora artista, que terá de lidar diariamente com as inúmeras complexidades humanas, com a escassez de recursos materiais e que terá de mesclar visão de longo prazo com uma vocação utilitarista e pragmática. Não são poucos os desafios da engenharia e há um universo de significados na tão falada "cabeça de engenheiro", com entendimentos e nuances complementares. No entanto, a constatação mais relevante é que, historicamente, essas pessoas são os motores vivos do progresso da humanidade, liderando e apoiando transformações das mais diversas naturezas.

MAPEANDO A ESTRATÉGIA

O Ativista será desafiado a compreender o ambiente competitivo da organização e sua limitação de recursos para apoiar o processo de definição da estratégia. Mais do que isso: deverá avaliar as escolhas realizadas de forma ampla, assegurando um significado comum, estruturado e sistêmico. Deverá traduzir a estratégia em objetivos interligados por relações de causa e efeito[1] que explicitarão como recursos intangíveis como competências, cultura ou informações irão converter-se em resultados tangíveis, como a distribuição de lucros ou a geração de caixa. Para cada objetivo, devem-se estabelecer mecanismos de controle e aprendizado, utilizando-se de indicadores de resultado[2] e tendência.[3] Definir metas, explicitando o nível de resultado esperado no curto, médio e longo prazo. Além de mapear as principais ações e projetos que permitirão alcançar essas metas, lidando com a escassez de recursos e as prioridades estabelecidas. Na maior parte das vezes, a fim de assegurar uma ampla compreensão da estratégia em toda a organização, o Ativista deverá fracioná-la, conectá-la às atividades mais corriqueiras, explicitando desafios mais específicos, indicadores mais detalhados e ações mais focadas. Mergulhar no detalhamento e no desdobramento[4] sem perder a visão do todo, do sistema, da interdependência entre os diversos processos da organização.

Para esses desafios apresentados, há um engenheiro dentro de cada Ativista da Estratégia. E não é preciso ser graduado em engenharia para

---

[1] No contexto do sistema de gestão Balanced Scorecard, as relações de causa e efeito identificam a correlação causal entre os objetivos, ou seja, como um objetivo suporta o outro, respeitando a vinculação estratégica entre ambos.

[2] Medidor claro do desempenho do objetivo estratégico ao final de um período ou atividade, que reflete (in)sucessos do passado, e não atividades e decisões atuais.

[3] Medem os processos e atividades que compõem o caminho estratégico escolhido pela organização para atingir o resultado esperado.

[4] Desenvolvimento do Balanced Scorecard para demais níveis da organização, como unidades de negócio, áreas centrais de suporte ou regionais, de maneira sempre integrada com o BSC do nível corporativo.

compreender e procurar adotar as qualidades inatas da profissão. No passado remoto, não havia diploma ou universidade, mas uma forma antiga de engenheiro, diante dos desafios de produção da época e dos recursos de que dispunha, observou um bloco de pedra e visualizou a roda. Tempos depois, outro engenheiro enxergou em um ponto de apoio uma alavanca que poderia mover o mundo. Essa é uma qualidade extraordinária da engenharia: observar um problema e os recursos disponíveis e convertê-los em uma solução prática e eficaz. Um grupo de pessoas sob a liderança de uma mente "engenhosa" tem enorme potencial de transformação quando seus integrantes compartilham propósitos comuns e são capazes de se organizar e dividir responsabilidades. Onde vemos restrições e dificuldades, o engenheiro busca soluções criativas, novas formas de lidar com os recursos à disposição e redefine os resultados a serem alcançados. Esta é uma grande virtude que todo Ativista da Estratégia pode aprender: a capacidade exemplar de abstração do engenheiro, de ver e compreender assertivamente os problemas e propor soluções objetivas onde, aos olhos menos experimentados, não há uma lógica ou um sentido possível.

Em uma organização, o entendimento de seu contexto e de suas potencialidades direciona a formulação de sua estratégia. Mas a estratégia pode ser algo muito complexo, ininteligível e até mesmo guardar contradições internas e zonas cinzentas quanto às prioridades estabelecidas. É construída a partir de hipóteses sobre o comportamento do mercado, da concorrência, dos clientes, da sociedade etc. E refletirá um conjunto de escolhas, de opções sobre o que fazer e o que não fazer, definidas pela liderança do negócio. Em suma, é um norte que deve direcionar comportamentos e alocação de recursos. Mas, enquanto toda a equipe não estiver alinhada quanto a seu entendimento, enquanto não for capaz de materializar a estratégia em algo palpável, ao alcance da compreensão e da ação, persistirão fortes barreiras para que essa estratégia seja realmente executada. A liderança define objetivos e estabelece metas. Mas quem está na linha de frente é que irá implementar as ações necessárias para que os objetivos sejam perseguidos e as metas, alcançadas. São essas pessoas que, em última instância, tirarão a estratégia do papel.

"Pela primeira vez na história do negócio, estamos quebrando as barreiras de 'não divulgar a estratégia confidencial', e vamos, sim, divulgar a estratégia para todos os funcionários, parceiros de negócio e clientes, para, juntos, implementarmos com excelência esta estratégia."
(Luiza Zequi, segmento indústria)

Portanto, embora a construção de uma estratégia vencedora seja uma questão crítica para a organização, se suas diretrizes não permearem todos os níveis, se não puderem ser compreendidas e internalizadas por todos, será fracassada ao final. A única estratégia bem-sucedida é aquela que é bem executada. E nesse momento, o Ativista deve munir-se da capacidade de abstração do engenheiro. Observar o contexto da organização e dar clareza aos desafios que estão colocados. Traduzir o ambiente competitivo e auxiliar a organização a construir e explicitar a lógica por trás de sua visão de futuro, suas diretrizes e suas metas. Transformar um enredo aparentemente desconexo em uma história estruturada, coerente e de fácil entendimento.

Muitos Ativistas da Estratégia encontraram no Balanced Scorecard uma ferramenta poderosa para "decodificar" para toda a organização a complexidade da estratégia. A estrutura simples de um mapa estratégico, com suas perspectivas e objetivos interligados por relações de causa e efeito, permite organizar prioridades, explicitar a interconexão das peças do sistema, confrontar incoerências e promover uma discussão assertiva quando eventualmente houver divergências ou falta de entendimento. Por isso, o mapa estratégico é um forte aliado do Ativista Engenheiro. É uma ferramenta, um instrumento que permite deixar clara a lógica que permeia a estratégia, o caminho para alcançar os objetivos, orientando a organização "passo a passo" rumo aos resultados e à sua sustentabilidade. Mas, para isso, é preciso ter uma compreensão abrangente do contexto em que a organização opera e uma visão sistêmica dos recursos disponíveis e das soluções propostas. É mais desafiador representar a estratégia em um pequeno conjunto de objetivos interligados do que escrever um livro inteiro sobre ela. Porque exige fazer escolhas claras e objetivas. Somente será possível dar direcionamentos simples e facilmente compreensíveis quando houver um forte poder de síntese e uma grande capacidade de estabelecer um foco comum.

"Definidos os novos rumos estratégicos do hospital, realizamos a etapa de tradução da estratégia. Na construção do novo mapa estratégico, buscamos assegurar que este explicitasse os principais desafios da organização e o desejo de nossos principais stakeholders. Assim, a perspectiva de cliente e mercado foi traduzida na voz das partes interessadas, assegurados pela nova proposta inovadora de valor a ser entregue a cada um. Diferente do mapa de 2006, neste conseguimos traduzir as grandes oportunidades da organização."
(Sandra de Mattos, do Hospital Moinhos de Vento)

"Redefinidos nosso tema dominante e visão, partimos para a adequação de nosso mapa estratégico, garantindo que ficassem refletidos em cada perspectiva os novos desafios. Este foi um trabalho colaborativo liderado pela matriz do grupo, mas que implicou amplas discussões internas sobre a forma de refletir nossa estratégia na empresa. Contando com uma base corporativa firme para o capital tecnológico, humano e organizacional, fortalecendo o conceito de estruturá-los como os pilares da consecução de nossa estratégia corporativa de longo prazo: tudo aquilo que configurara a quarta perspectiva do Balanced Scorecard Corporativo, nosso capital intelectual. Finalmente, ajustamos as variáveis locais e partimos para ajustar os demais instrumentos de gestão: indicadores, iniciativas e sistemas de compensação variável dos executivos."
(Ana María Franco, do setor de energia e telecomunicações)

DEFININDO INDICADORES

Contudo, o trabalho do Ativista para traduzir a estratégia não termina com a construção do mapa estratégico. Embora seja de grande relevância apontar com clareza os rumos do negócio, não será possível gerenciá-lo contando apenas com diretrizes. Afinal, qual engenheiro abriria mão de dispor de bons instrumentos de mensuração? Nossos antepassados criaram métricas para calcular e registrar distâncias, pesos, mantimentos, armamentos disponíveis etc. Dessa forma, puderam compreender o tamanho dos desafios antes de uma jornada, uma colheita ou uma batalha e preparar-se adequadamente para elas. Também puderam avaliar o sucesso ou o fracasso de suas ações e refletir, mesmo com sua tecnologia primitiva, sobre o que precisava ser feito para evitar a fome ou o domínio estrangeiro. Embora os desafios de uma organização moderna sejam outros, esta premissa permanece intocada: é preciso dispor de instrumentos de mensuração para gerenciar objetivos estabelecidos.

E o engenheiro é um calculista habilidoso, imbuído de espírito prático e de grande objetividade. Sistematiza o conhecimento apoiado em cálculos matemáticos e considerações científicas, e adota permanentemente a postura de observador e interventor, um olhar curioso que lhe confere grande capacidade de alterar o meio à sua volta. É dado à precisão das medidas. Estas são outras de suas mais fortes características em que todo Ativista da Estratégia deve espelhar-se: observar, descrever, medir, quantificar, comparar... Ou seja, agregar ciência ao processo empírico de solução de problemas. Desenvolver por hábito e por paixão um processo sistemático de testar, experimentar, analisar e interpretar resultados.

"E lá fui eu navegar no admirável mundo novo da estratégia! Organizei inúmeros encontros com os líderes de nossa unidade de negócio, para construirmos juntos nosso mapa estratégico, definirmos os objetivos estratégicos e os fatores críticos de sucesso, a partir da análise de cenários do planejamento estratégico da empresa e das diretrizes corporativas. Alocar os indicadores foi uma tarefa relativamente fácil, pois a maioria já estava orbitando

entre nós, porém de forma dispersa e espalhada. Foi preciso centralizá-los e relacioná-los a cada objetivo estratégico."
(Simone Soares, engenheira química)

O Ativista deve, portanto, recorrer uma vez mais às suas habilidades de engenheiro para estabelecer indicadores que permitam monitorar o progresso da estratégia. Cada objetivo do mapa estratégico deve ter um ou mais indicadores vinculados. Se há um objetivo, deve ser possível dizer em que medida ele já foi alcançado e quanto falta para concluí-lo. É preciso medir seu resultado. Se na Pré-História foi necessário recorrer a medidas imprecisas quando nem os números ainda haviam sido criados, hoje há instrumentos sofisticados para que as organizações monitorem desde a geração de valor econômico e retorno sobre investimentos até o custo de capital, clima organizacional ou prontidão de seus sistemas de informação. Porém, um bom Ativista Engenheiro saberá que, para alguns desafios, será preciso medir mais do que o resultado já alcançado, mas também monitorar sua tendência futura. Simplesmente porque não será possível esperar até que os resultados apareçam para tomar medidas corretivas que eventualmente se façam necessárias. A organização identificou que seu sucesso dependerá do lançamento de novos produtos nos próximos anos? Então, é melhor certificar-se de que o processo de P&D está robusto o suficiente hoje. A estratégia impõe venda cruzada na base de clientes? Melhor monitorar como andam as reclamações em relação aos produtos atuais. Sem números, desvios de rumo não são notados. Ou, se forem notados, suas raízes não são rastreadas. As consequências de ações corretivas não são clarificadas. As discussões tornam-se subjetivas e as hipóteses por trás de uma estratégia não são efetivamente testadas. O mapa estratégico acaba tornando-se uma carta de boas intenções, uma ótima ferramenta de comunicação, mas um instrumento de gestão limitado.

"Revisaram-se os objetivos estratégicos, pressionando a acurácia da previsão de vendas associada ao aperfeiçoamento de controles de custo, produção, qualidade e estoques. Cada gerente de fábrica tinha, além da responsabilidade

na administração do custo fixo e variável, também a responsabilidade pela lucratividade da mesma, inclusive pelos custos alocados. Embora algumas atividades dos gerentes de fábricas não estivessem ligadas ao lucro, os gerentes eram certamente premiados com base nessa cifra e deveriam se interessar por todos os aspectos da empresa."
(Augusto Seoane)

ESTABELECENDO METAS E CONSTRUINDO O PORTFÓLIO DE PROJETOS

Como resultado da experiência e do conhecimento técnico, o engenheiro desenvolveu a habilidade única de prever o comportamento de seus experimentos antes mesmo de construí-los. É capaz de estabelecer metas concretas e desejáveis, e também de elencar as possibilidades adversas, de dominar o "imprevisível", mitigando riscos e traçando caminhos alternativos. Define metas para seus objetivos e, mais do que isso, compreende quais são os elementos que definirão o sucesso ou fracasso no alcance dessas metas, quais variáveis precisam ser controladas, onde se deve intervir e quais são as prioridades.

Para o Ativista da Estratégia, não é diferente. Sua experiência e conhecimento técnico devem ser seus aliados no estabelecimento de metas para todos os indicadores entendidos como estratégicos. As metas definem o estado futuro desejado, o ponto B a ser alcançado. Estão, portanto, intimamente relacionadas à visão e comunicam o tamanho do desafio a toda a organização. Por essa razão, as metas devem ser estabelecidas primeiramente para o longo prazo. São a quantificação do sonho, de aonde se quer chegar. E devem ser consideradas sob uma perspectiva sistêmica. Assim como os objetivos, os indicadores e suas metas estão associados através de relações de causa e efeito e devem representar uma estrutura interligada e coerente. As metas de crescimento do lucro devem ser compatíveis com as metas de redução de custos, que, por sua vez, devem estar alinhadas às metas de eficiência dos processos, que dependerão das metas de capacitação das pessoas e da disponibilidade dos equipamentos necessários à execução desses processos. Toda essa cadeia é interdependente, pois, sem geração de lucros, também não haverá recursos para capacitar a equipe ou comprar as novas máquinas e equipamentos previstos. Dessa forma, as metas são definidas em seu conjunto e também refletem hipóteses que serão testadas a partir do monitoramento contínuo dos indicadores.

A partir do estabelecimento de metas para o longo prazo, o Ativista da Estratégia irá preocupar-se com seu detalhamento para o curto e o médio prazos. Como as receitas irão crescer nos próximos anos até que a visão seja alcançada? Como evoluirá a satisfação dos clientes ou o custo de produção? É muito pouco provável que todas as metas cresçam linearmente. Primeiro, porque, em alguns casos, é preciso um tempo de aprendizado e evolução antes de colher resultados. Investir em ações de responsabilidade socioambiental, por exemplo, pode trazer poucos resultados nas vendas nos primeiros anos, mas evoluir exponencialmente com o tempo. Segundo, porque os recursos são limitados e a organização poderá estabelecer diferentes prioridades ao longo dos anos. A visão de futuro pode, por exemplo, apontar para um cenário de redução de custos e diversificação do portfólio, mas a liderança pode priorizar os custos no primeiro ano e investir no portfólio nos anos seguintes. As metas devem refletir e comunicar essas prioridades.

Quando uma organização se propõe a cumprir metas desafiadoras, o único caminho para alcançá-las é através de intervenções consistentes em seus processos atuais, seja para buscar melhorias, seja para buscar transformações disruptivas. São os chamados projetos estratégicos, um conjunto de iniciativas com elevado potencial para fazer a organização avançar. De natureza pragmática, o Ativista Engenheiro sabe que mapa, indicadores e metas são instrumentos de gestão. Mas são os projetos que realmente geram resultados concretos, que permitem que as metas sejam atingidas e os objetivos, alcançados. Os projetos representam a materialização da estratégia em ações efetivas e devem servir para fechar a lacuna entre o desempenho atual e o desempenho futuro desejado. Se a estratégia enfatiza a redução de desperdícios, por exemplo, será necessário um projeto que interfira no processo produtivo para que o desperdício seja efetivamente reduzido. O Ativista não limitará suas contribuições à identificação de um ou dois projetos, mas auxiliará a organização a construir um portfólio de projetos robusto o suficiente para cobrir todas as principais frentes da estratégia.

Mas também deverá compreender as limitações de recursos de sua organização e, assim, combinar essas limitações às prioridades definidas. É praticamente certo que não haverá recursos humanos, financeiros ou mesmo físicos e tecnológicos para executar todos os projetos simultaneamente. E o Ativista deverá adotar critérios claros e precisos de priorização para distribuir no tempo a implantação dos projetos importantes para o negócio. Os critérios podem ser vários e devem ser definidos a partir do contexto da organização. Se há uma forte limitação de caixa no momento, então o volume de investimentos poderá ser um critério importante. Se um novo acionista está pressionando por resultados no curto prazo, então outro critério poderá ser o tempo necessário para que o projeto traga resultados. E como não poderia deixar de ocorrer, é preciso buscar na própria estratégia as regras de priorização. Se a organização pretende ampliar o relacionamento com os clientes e também lançar produtos customizados, será bastante recomendável, em primeiro lugar, implantar as ações de relacionamento para que, com o melhor conhecimento dos segmentos-alvo, possa desenvolver produtos customizados de maneira mais assertiva. Uma vez feita a priorização e observando as restrições de recursos, o Ativista irá construir o macroplano de implantação dos projetos. Uma visão integrada do portfólio de projetos, distribuídos ao longo dos anos, dentro do horizonte de planejamento da organização.

O macroplano de projetos está intimamente relacionado à velocidade com que as metas crescem no tempo. Se o projeto que prevê a reestruturação do call-center ficou para o próximo ano, não faz sentido esperar que o tempo médio de atendimento tenha forte redução no curto prazo. São os projetos que viabilizam o alcance das metas, e o Ativista deverá ter essa visão integrada dos componentes que está apoiando a organização a construir. Contudo, o entendimento sobre quais serão as prioridades poderá ser tema de debates acalorados entre as partes interessadas. É natural que diferentes líderes tenham diferentes percepções sobre o que deve ser feito primeiro. Uma vez mais, o Ativista deverá exercitar sua compreensão abrangente dos desafios organizacionais e, fundamentalmente, suas habilidades de negociação.

> *"Faltou seguir um princípio básico da metodologia BSC que está explícito em seu nome 'Placar Balanceado'. Pois não era discutido se poderiam ser repassados recursos que estavam gerando resultados muito acima do esperado em alguns indicadores para outros fins e, assim, equilibrar o resultado geral. Faltou até mesmo repensar algumas metas que por estarem 'folgadas' demais tiravam o senso de urgência que alguns objetivos do mapa precisavam."*
> (Marcelo Petercem Ramos)

> *"Na primeira rodada, identificamos aproximadamente 95 projetos dos mais diversos tipos: projetos que não eram projetos, mas sim processos contínuos; projetos classificados como estratégicos e que, na verdade, não eram; projetos sem patrocínio e líder; projetos cujo patrocinador era uma área que nem existia mais; e também projetos muito bem desenhados e que não eram priorizados devido ao detalhe e à complexidade em sua elaboração (planejamento e metodologia), que eram difíceis demais de se acompanhar. A primeira decisão foi classificá-los de acordo com sua relevância e escopo, identificando quais eram os projetos alinhados à estratégia, os que dariam suporte a esses, quais eram operacionais e quais nem projeto eram."*
> (Rodrigo Cammarosano, gerente de Novos Negócios)

DESDOBRANDO A ESTRATÉGIA

Outra característica inconfundível do engenheiro é a capacidade de compartimentar um problema, dividindo-o em partes menores e mais fáceis de serem compreendidas e geridas. Isso sem perder a visão dos requisitos para o funcionamento de cada componente, suas interligações e as implicações do desempenho de cada um no desempenho dos outros. A construção das Grandes Pirâmides trazia inúmeros desafios além da própria obra em si. Como deslocar e alimentar o exército de operários, o abastecimento contínuo de matéria-prima e ferramentas, o altíssimo financiamento da construção etc. Todos os componentes dessa equação foram igualmente críticos. Não haveria pirâmides se qualquer um desses elementos fosse ignorado. Este também é o papel do Ativista da Estratégia: projetar as partes do sistema, dividindo uma estratégia complexa em suas múltiplas facetas, sem perder a visão do todo.

Há métodos alternativos para desdobrar uma estratégia corporativa. Para dividir a complexidade corporativa em "partes" mais simples, de fácil compreensão e mais próximas da realidade daqueles que, em última instância, serão os responsáveis pela execução da estratégia. Um dos caminhos mais utilizados, por sua praticidade, assertividade e sinergia com a estrutura organizacional, é o desdobramento orientado pelo organograma da organização. Dessa maneira, será explicitada a contribuição para a estratégia de cada diretoria, por exemplo; e, dentro de uma diretoria, a contribuição de cada gerência. Porém, a estratégia também pode ser desdobrada a partir de outras orientações, como os temas estratégicos. Traduzindo a estratégia específica de excelência operacional, inovação, relacionamento com os clientes etc. Antes de definir a orientação, é preciso refletir sobre o que se quer reforçar. Um desdobramento pela estrutura reafirma a hierarquia e facilita a governança. O desdobramento por temas provoca uma visão transfuncional, orientada aos macroprocessos organizacionais.

O desdobramento ainda irá variar quanto à forma. Podem ser utilizados novos mapas estratégicos, painéis de contribuição ou apenas *dashboards*. Mapas estratégicos normalmente fazem sentido quando se trata de unidades de negócios, que têm estratégia própria. Quando o desdobramento for em direção às unidades de suporte, à estrutura ou aos temas estratégicos, é mais recomendável utilizar outras formas alternativas que reforcem o vínculo e a contribuição para a estratégia corporativa. E é isso que fazem os painéis de contribuição, por exemplo. Os painéis de contribuição detalham qual será a contribuição específica (de uma área, por exemplo) para os objetivos estratégicos do mapa corporativo. Os *dashboards* são ainda mais simples e promovem alinhamento apenas dos indicadores, metas e planos de ação, sem especificar novos objetivos desdobrados. Dessa forma, preservam-se as particularidades da unidade ou do processo, mas mantém-se uma premissa essencial: toda a sua construção estará orientada ao alinhamento com aquele mapa a partir do qual está sendo feito o desdobramento.

Outra forma de desdobramento é vincular a estratégia aos processos organizacionais. Trata-se de mapear quais são os processos mais críticos para a execução da estratégia e identificar quais são os requisitos exigidos de cada um deles. Se a estratégia da organização depender da diversificação de receitas, um processo crítico será o desenvolvimento de novos produtos. Mas, para uma organização que optou por promover a venda cruzada, um dos requisitos mais relevantes para o desenvolvimento de novos produtos será compreender a base de clientes. Em contrapartida, em outra organização que buscar diversificar receitas através do lançamento contínuo de produtos de alto valor tecnológico, o requisito mais relevante poderá ser o tempo médio de desenvolvimento. Portanto, para vincular a estratégia aos processos, será preciso compreender profundamente a proposta de valor da organização para seus clientes e mapear o que os objetivos estratégicos demandam de forma contínua da organização.

> *"Cada unidade de negócios possuía características de mercado peculiares, e esse desdobramento nos ajudaria a alinhar as estratégias regionais e identificar as similaridades, para posteriormente propormos sinergias de processos, atividades e ferramentas de gestão. Nesse aspecto, o projeto BSC gerou muitos benefícios. Numa empresa cujo principal produto é uma commodity, 32 estratégias diferentes parecem loucura, e foi esse projeto que nos direcionou para captar sinergias."*
> (Rodrigo Cammarosano, gerente de novos negócios)

HABILIDADES HUMANAS E TÉCNICAS

Mapear a "cabeça de engenheiro" implica reconhecer o desenvolvimento de novas qualidades e habilidades de importância crescente e fundamental. O engenheiro moderno não pode mais ser vinculado àquela imagem do brilhante matemático inábil em relações interpessoais. Pelo contrário. O bom gerenciamento das relações humanas e das diversidades culturais é um imperativo para a engenharia. A complexidade exige lidar com equipes multidisciplinares e desejos conflitantes. O engenheiro de hoje é capaz de comunicar-se, conciliar interesses diversos e alinhar esforços para um empreendimento comum.

> *"Durante esse processo lotado de definições, o meu papel, além de liderar a construção dos resultados, foi criar tecido motivacional e integrador, numa equipe de gestores dispersos geograficamente, sem dependência hierárquica, porém com a convicção de que o trabalho em equipe somaria para nossas organizações mais do que o trabalho individual."*
> (Ana María Franco, do setor de energia e telecomunicações)

Nem sempre o desdobramento da estratégia através de mapas ou painéis de contribuição será o mais efetivo. Em determinadas ocasiões, será preferível identificar demandas estratégicas e associá-las aos processos interfuncionais da organização. Em outros casos, deverá ser construído um vínculo claro com os modelos de gestão de desempenho e remuneração variável. Eventualmente, não se deverá fazer desdobramento algum.

O fato é que a gestão da estratégia, assim como a engenharia, em vez de ser puramente uma ciência ou uma profissão determinística, é na realidade o domínio da complexidade e da incerteza. Exige-se, sim, a adoção de uma racionalidade crítica, mas, definitivamente, o conhecimento formal deve estar associado a intuição, experiência e compreensão da dimensão humana dos empreendimentos. Estes são os maiores legados dos engenheiros aos Ativistas da Estratégia: a habilidade para conjugar flexibilidade e método na construção da solução de um problema e a confiança em sua própria engenhosidade para aceitar o desafio.

"Olhando as coisas que já implementei desde o início da minha carreira nessa área, percebo que a competência mais importante para o Ativista é a de configurar soluções personalizadas, inovar em linhas de pensamento e na forma de representá-las. O que faço hoje não se diferencia muito do que seria se tivesse seguido a minha carreira na formação de engenheiro, pois na maior parte do tempo estou projetando soluções, identificando restrições, configurando ferramentas e captando ideias para colocá-las no papel de maneira organizada e tangível através de estratégias."
(Marcelo Petercem Ramos)

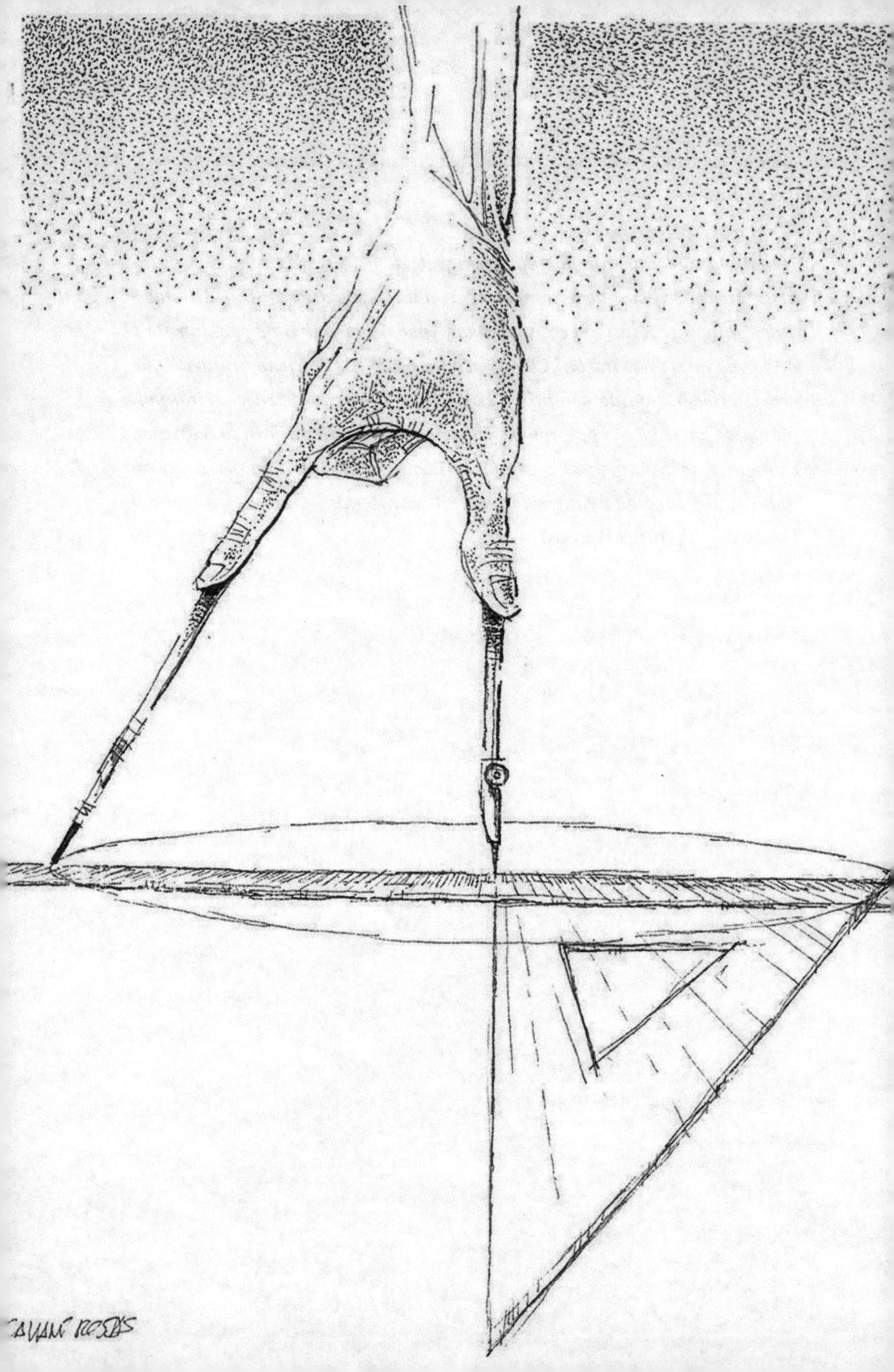

CAPÍTULO 3

O Arquiteto

LUIS CLAUDIO PINHO
E SANDRO PIZZATTO

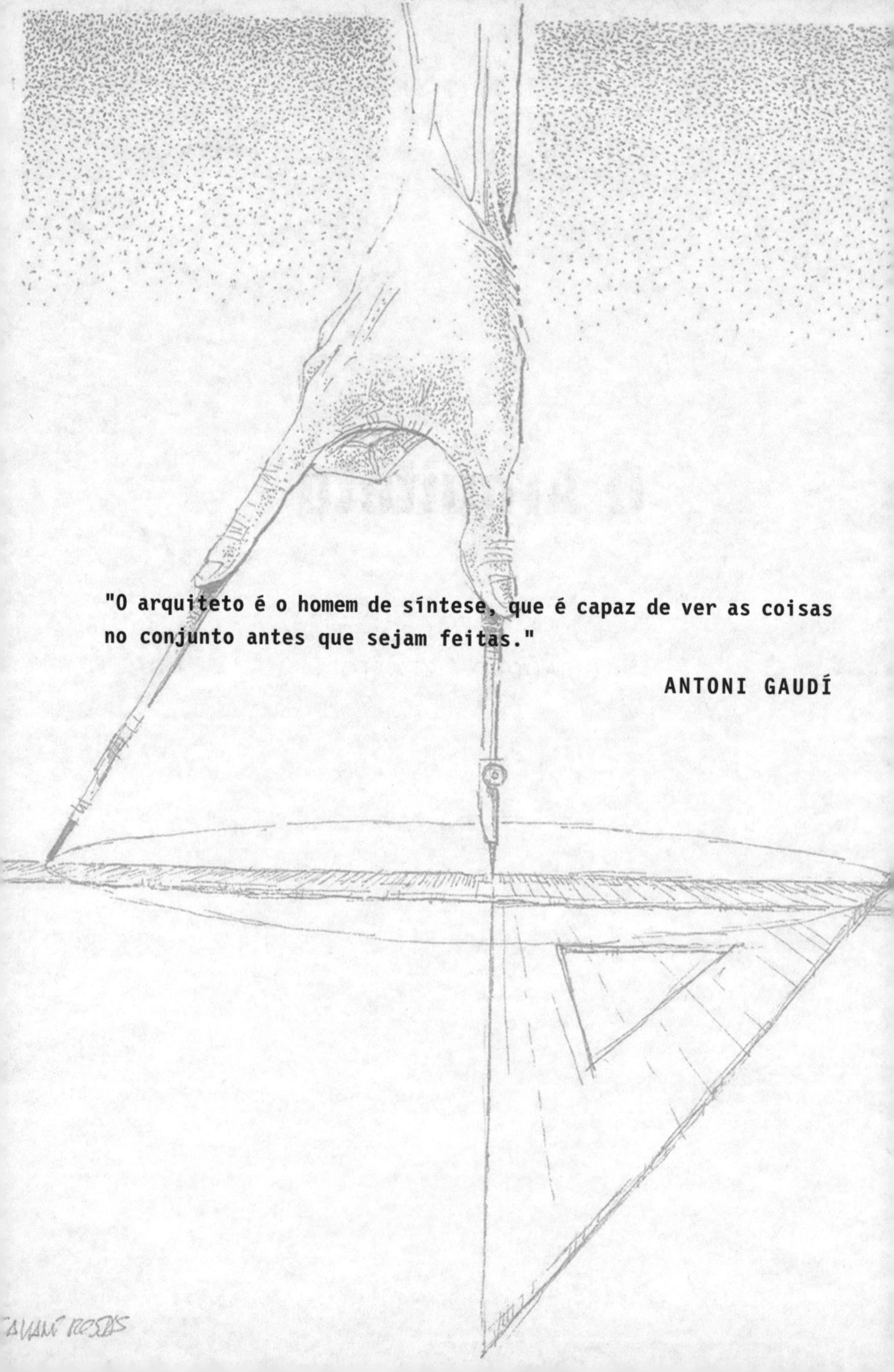

"O arquiteto é o homem de síntese, que é capaz de ver as coisas no conjunto antes que sejam feitas."

ANTONI GAUDÍ

Quando uma estratégia organizacional é formulada e definida, a pergunta feita imediatamente é: como assegurar uma boa execução dessa estratégia ao longo dos próximos anos? Como mobilizar recursos e pessoas em prol dos desafios futuros?

As respostas a essas perguntas não são simples nem óbvias. A maioria das organizações não consegue alcançar seus objetivos futuros; e as causas podem ser inúmeras, de razões internas a externas e situacionais.

É nesse contexto que o Ativista Arquiteto pode contribuir para o sucesso da execução da estratégia. Um dos maiores desafios que esse Ativista busca superar e assegurar é a integração do longo e do curto prazos. Em outras palavras, ele busca conceber um sistema de gestão que seja capaz de garantir a implementação do plano estratégico, gerando tanto os resultados operacionais de curto prazo quanto os resultados pretendidos de longo prazo. Dessa maneira, a estratégia futura é decomposta e passa a fazer parte da operação e das decisões rotineiras de uma organização. Tal sistema deve ser dinâmico e permitir constantemente adaptações e reações às diversas mudanças contextuais, que, sem dúvida, repercutirão na estratégia e, consequentemente, na operação.

> *"Decidimos redesenhar o modelo de gestão existente e adaptá-lo ao contexto atual de forma que possibilitasse a perfeita integração entre a gestão estratégica, tática e operacional."*
> (Nayara Fernanda Alves da Tigre S.A. – Tubos e Conexões)

Mas as dúvidas ainda permanecem. Como criar um sistema de gestão apto a integrar planejamento e orçamento? Como garantir recursos para a execução da estratégia? Como monitorar o desempenho da estratégia e proporcionar tomada de decisões em tempo hábil?

Outro importante desafio do Ativista Arquiteto que será tratado neste capítulo refere-se à obtenção de ganhos de sinergia por meio do alinhamento da estrutura organizacional e ao desdobramento da estratégia nas diversas áreas da organização.

ARQUITETURA E ESTRATÉGIA, DOIS PENSAMENTOS CORRELATOS

As primeiras grandes obras de arquitetura remontam à Antiguidade, mas é possível traçar as origens do pensamento arquitetônico em períodos pré-históricos, quando foram erigidas as primeiras construções humanas.

À medida que as comunidades humanas evoluíam e aumentavam, acometidas pelas ameaças bélicas constantes, a primeira modalidade arquitetônica a se desenvolver foi essencialmente a militar. Nessa mesma linha, outras modalidades começavam a erodir como, por exemplo, o pensamento estratégico.

A necessidade de evolução e crescimento da humanidade fez essas áreas de conhecimento se desenvolverem muito. De um lado, para a obtenção do crescimento, é necessário estipular planos, táticas de atuação, visões de futuro (estratégia) e, do outro, definir como crescer "fisicamente" (arquitetura).

O modo como os indivíduos lidavam com a transformação de seu ambiente imediato era então bastante influenciado por suas crenças. Nesse período, os principais edifícios das cidades eram os palácios e os templos religiosos, o que associava a figura do arquiteto aos sacerdotes ou aos nobres. As necessidades de infraestrutura daquelas primeiras cidades também tornaram imprescindível o progresso técnico das obras de engenharia.

Com o fim da Idade Média, a estrutura de poder modificou-se radicalmente. Surgiam os Estados nacionais. Tratava-se de uma nova era, a Idade Moderna, cujos antigos tratados arquitetônicos romanos foram redescobertos pelos novos arquitetos, influenciando profundamente a nova arquitetura. A relativa liberdade de pesquisa científica que se obteve permitiu algum avanço nas técnicas construtivas, possibilitando novas experiências e a concepção de novos espaços.

Na Idade Contemporânea, as cidades passavam a crescer de modo inédito, e novas demandas sociais relativas ao controle do espaço urbano deviam ser atendidas pelo Estado, o que acabou levando ao surgimento do urbanismo.

Hoje, a arquitetura é a síntese de todas as artes, visto que é ela que define e dá lugar aos acontecimentos da vida cotidiana. Sendo assim, o campo da arquitetura abarca todo o ambiente habitável, desde os utensílios de uso doméstico até a cidade inteira. A arquitetura moderna é, portanto, caracterizada por um forte discurso social e estético de renovação do ambiente de vida do homem contemporâneo.

APARANDO ARESTAS... O CONSTRUTOR!

A palavra arquiteto vem do grego *arkhitektôn*, que significa "o construtor principal" (arqui = principal e tectônica = construção).

A analogia entre esses dois profissionais, o Ativista da Estratégia e o arquiteto, é inevitável. Os desafios e as dificuldades do primeiro ao criar um sistema de gestão da estratégia efetivo em uma organização assemelham-se muito aos de um arquiteto na concepção e no desenvolvimento de um projeto de construção. Luiz Sabatino descreve seu desafio de construir a diretoria de planejamento estratégico: *"O desafio me foi lançado em agosto de 2006 e eu tinha exatamente três meses para desenvolver a área e apresentar uma metodologia eficiente e aplicável ao nosso negócio, sem rupturas bruscas num primeiro momento e levando em consideração que as pessoas deveriam ser o ponto de partida para a primeira mudança de patamar. Isso significava que as pessoas não podiam apenas ser informadas que, a partir daquele momento, tínhamos uma área de planejamento. Ao contrário, a certeza era que deveríamos começar envolvendo-as desde o começo na construção. O tempo era demasiadamente curto para darmos um salto gigante, mas suficiente para o usarmos a favor da necessidade de envolvermos todos rapidamente na missão."*

O Ativista Arquiteto idealiza e implementa um sistema único e integrado de gestão, desde o estratégico ao operacional, refletindo as necessidades orçamentárias e as constantes adaptações e respostas aos contextos de mudanças. Ele busca o alinhamento entre estrutura organizacional e desdobramento da estratégia, com o objetivo de gerar sinergia entre as diversas áreas da organização.

Ambos os profissionais consideram a necessidade de uma visão integrada de planejamento, orçamento, alocação de recursos e tomada de decisão. Outras características são semelhantes aos dois profissionais, tais como criatividade, sensibilidade, visão sistêmica, análise crítica e interesse pela condução do trabalho, além de aptidão para trabalhar com números, a exatidão e a meticulosidade, a capacidade de observação e análise, bem como a facilidade de trabalhar em equipe.

> *"Ao conhecer melhor o que significa montar e gerir uma estratégia, percebi que todo o processo envolve muito mais do que papéis e palavras. Envolve pessoas e seus feudos, processos enraizados, atitudes e posturas inadequadas, e ao mesmo tempo admiradas, o que torna o processo nada trivial."*
> (Simone Soares, engenheira química)

O DESIGN DO MODELO DE GESTÃO INTEGRADO DA ESTRATÉGIA

O sucesso na execução da estratégia depende, dentre outros fatores, de um modelo bem-sucedido de gestão concebido para integrar estratégias e operações.

Os professores Norton e Kaplan, em seu último livro, *A execução premium*,[1] reforçam a necessidade de se construir um modelo de gestão baseado em um ciclo de seis etapas:

1. Formular a estratégia.
2. Planejar e traduzir esta estratégia em termos operacionais, ou seja, em iniciativas que irão entregar a estratégia.
3. Alinhar toda as áreas da organização com a estratégia formulada.
4. Vincular a operação e o curto prazo a essa estratégia de longo prazo.
5. Monitorar o desempenho dessas iniciativas na geração de valor estratégico.
6. Testar as hipóteses da estratégia formulada e atualizar a estratégia caso haja necessidade.

---

[1] KAPLAN, Robert S.; NORTON, David P. *A execução premium: a obtenção de vantagem competitiva através do vínculo da estratégia com as operações de negócio*. Rio de Janeiro: Campus/Elsevier, 2000.

A Figura 3.1 ilustra essas seis etapas para a concepção de um modelo de gestão que integra estratégia e operação:

FIGURA 3.1 CICLO DE GESTÃO INTEGRADO

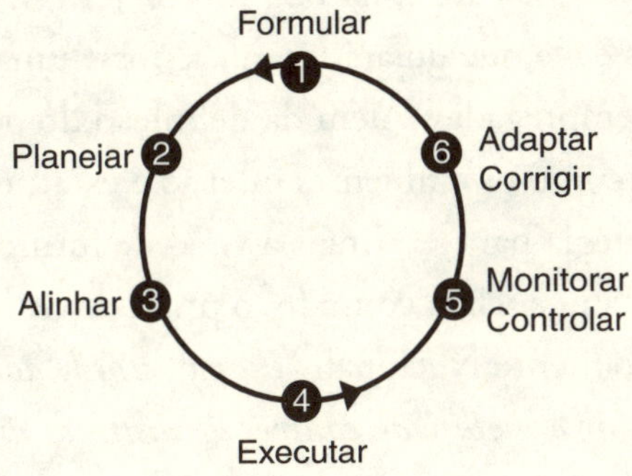

Fonte: Baseado no livro *A execução premium*, de Norton e Kaplan.

Por exemplo, a construção de uma casa e de uma estratégia passa por etapas congruentes. Começa com um esboço sobre a ideia inicial e por uma formulação. Após essas etapas, é feito o planejamento, ou seja, são levantados todos os insumos necessários para construção da ideia e colocados em ordem cronológica de sequenciamento (cronograma). Em seguida, essa ideia é traduzida em termos operacionais (no caso da arquitetura, faz-se uma planta, já no outro caso, o da estratégia, pode-se fazer um mapa estratégico).

Concluídas essas etapas, é chegada a hora de alinhar os recursos necessários. Estes podem ser financeiros, humanos, organizacionais, entre outros. Formulada, planejada e alinhada, a ideia é executada. Como termômetro e balizador do andamento da ideia, é preciso monitorá-la e controlá-la. Essa etapa é muito importante para colher as lições aprendidas e acertar o rumo. Enfim, ambas são responsáveis por todo o ciclo de gestão da ideia.

A FORMULAÇÃO DA CASA DOS MEUS SONHOS!

A gestão da estratégia é um processo de ciclo fechado, como mostra a Figura 3.1, em que cada parte do sistema influencia todas as demais.

O processo de formulação começa com a definição de uma visão de futuro, ou seja, como será a casa dos meus sonhos ou aonde minha organização quer chegar nos próximos anos. Para uma boa formulação, faz-se necessário estipular esse norte, pois é ele que guiará (como se fosse uma bússola) as ações e atividades que serão empregadas. Além da definição do destino estratégico, é importante entender como os ambientes interno e externo podem influenciar na confecção da estratégia para se atingir a visão de futuro.

Deusa Carvalho Ramos relata como foi o processo de formulação da estratégia no Senai Departamento Nacional: *"Eu me recordo do primeiro desafio que foi aprender a coordenar e mobilizar equipes de distintas áreas para a discussão de assuntos da organização como um todo. Foi em um exercício de planejamento estratégico, com a definição de uma visão de futuro para 15 anos e a elaboração de um projeto empresarial. Tratava-se de uma empresa sem fins lucrativos, e essa discussão teria de contemplar a redefinição de negócio, propósito, clientes e públicos relevantes. Questões nunca antes discutidas, a não ser quando a empresa foi criada, mais ou menos 40 anos atrás. Consensar pontos comuns com equipes multidisciplinares e líderes com experiências muito distintas em relação à organização é muito rico."*

As análises do ambiente externo visam entender as forças competitivas da indústria da qual a organização faz parte, tais como, o poder dos concorrentes, dos fornecedores, dos clientes e as ameaças dos produtos substitutos e de novos entrantes. As análises do ambiente interno visam elencar os pontos fortes e as oportunidades de melhorias da organização por meio da análise de seus recursos, competência e de toda cadeia de valor interna.

Chega-se ao ponto de formular o que se deseja, ou seja, de escolher quais serão os direcionadores estratégicos que levarão a organização ao alcance de sua visão de futuro.

Em um exemplo ilustrativo da construção de uma casa dos sonhos que pode ser análogo à formulação de uma estratégia organizacional, o primeiro passo foi a definição da visão: *"Uma casa aconchegante que proporcione à minha família momentos de prazer inenarráveis e que acolha todos os meus amigos."* Em seguida, foram consideradas diversas análises, tais como: as vantagens e as desvantagens de se morar em um condomínio fechado, as formas de acesso ao local da futura casa (presença de grandes vias de acesso), os critérios de escolha da localização da casa (perto do trabalho e de outros entes familiares), as características dos bairros (com pouco barulho, arborizado, próximo a estabelecimentos comerciais) e os aspectos financeiros do novo morador (orçamento, financiamento, renda etc.).

Pronto, agora é hora de desenvolver o projeto da casa! O sonho contempla uma casa com dois quartos e duas suítes, duas salas, uma bela cozinha, *home theater*, muita varanda, quintal, piscina e sauna. Para realizar o sonho, devem ser elencadas as atividades que suportarão a construção da casa, desde o design, a fundação, a estrutura da casa, a mão de obra necessária, o orçamento disponível até o acabamento dos detalhes, entre outras providências. Todo esse processo deve ser acompanhado pelo arquiteto.

O DESENHO DA PLANTA

O próximo desafio do Ativista Arquiteto é a viabilização de um plano para alcançar os resultados futuros definidos. Trata-se de converter os desafios expressos pela visão de futuro em elementos da estratégia. Isto é, desenhar um conjunto prioritário de objetivos que esclarecem como a organização vai implementar a estratégia, definir os poucos indicadores que medem a evolução dos resultados estratégicos pretendidos, estabelecer o tamanho do desafio expresso em metas de curto, médio e longo prazos e, finalmente, definir e priorizar as iniciativas ou as ações que orientam comportamentos e alinham toda a organização para a execução da estratégia corporativa.

No caso da casa, a tradução da visão é o desenho da planta baixa realizado pelo arquiteto, que contém o desenho completo e otimizado da casa dos sonhos: quarto, sala, cozinha, piscina etc., com as respectivas dimensões.

Trazendo para um exemplo empresarial, a tradução da estratégia adotada por muitas organizações dá-se pela implementação do Balanced Scorecard, constituído pelo desenho do mapa estratégico, construído por um conjunto balanceado de objetivos estratégicos. Para aferir o desempenho desses objetivos, é necessário estabelecer indicadores que meçam o andamento e o desenvolvimento, guiados pela definição de uma meta.

Tanto a construção de uma casa quanto a gestão de um negócio são direcionados por objetivos estratégicos. A casa, por exemplo, precisa ser construída em 24 meses, com um custo de, no máximo, R$500 mil e de acordo com as especificações de qualidade do projeto. Da mesma forma, o negócio precisa obter uma rentabilidade acima de 15%, aumentar a participação de mercado, desenvolver o relacionamento com novos clientes e desenvolver seus colaboradores internos.

Toda essa tradução e planejamento são atividades corriqueiras tanto do arquiteto quanto do Ativista. Cabe a eles orquestrá-las da melhor maneira possível para atingir o horizonte (visão) desejado. Porém, isso não é uma tarefa isolada! Depende de outros fatores, como recurso, execução, entrega e outros.

> *"Agora não estava diante de um projeto, e sim de um programa que envolvia projetos de vários tipos e complexidades diferentes que deveriam ocorrer numa sincronicidade perfeita, para que o resultado atendesse às expectativas dos acionistas."*
> (Ziléa Santos Barrilari, da Real Tokio Marine Vida e Previdência, atual empresa do Grupo Santander)

O PLANEJAMENTO DA OBRA: COMO ALINHAR TODOS OS RECURSOS NECESSÁRIOS?

Este é o processo mais complicado e que exige maior integração e visão sistêmica do Ativista Arquiteto. Entender qual o objetivo futuro da organização e traduzi-lo em termos operacionais é uma tarefa relativamente simples, pois, até então, nada saiu do papel. Iniciar os desdobramentos dos objetivos pela organização e alinhar os recursos necessários, considerando o prazo e as entregas prometidas, tornam o processo de execução da estratégia ainda mais complicado.

Como garantir que todas as unidades organizacionais estejam na mesma sintonia para maximizar a geração de valor para a organização? Para responder a essa pergunta, devem-se considerar vários elementos, tais como: a estrutura organizacional, as pessoas, a cultura da empresa etc. Criar sinergia entre esses elementos é fundamental para a consecução da estratégia formulada e traduzida.

"Com a responsabilidade de arquitetar a tecnologia do Grupo, identificamos as amplas possibilidades de potenciar sinergias e de agilizar os efeitos da alavancagem tecnológica, a fim de viabilizar as estratégias de expansão e eficiência operacional que nossos negócios tinham traçado."
(Ana María Franco, do setor de energia e telecomunicações)

Mas como criar sinergia na organização? Como garantir que cada unidade tenha um plano alinhado à estratégia e que descreva a contribuição para a execução da estratégia maior? Algumas organizações investem fortemente no processo de comunicação da estratégia corporativa. Dessa maneira, cada unidade pode construir seu plano estratégico alinhado à estratégia da organização, ressaltando o valor que será gerado por esta unidade.

"Com o passar do tempo e o amadurecimento gerencial no tema da estratégia, percebemos que poderíamos agregar valor à revisão estratégica e incrementar o alinhamento e o comprometimento de todos os departamentos com a discussão dos gerentes gerais prévia à aprovação da diretoria."
(Silvia Rocha Coelho Lima)

Em seguida, a organização precisa garantir que o orçamento de curto prazo contemple as ações estratégicas daquele período, pois, só assim, estas serão realizadas conforme o planejado. Trata-se de um fator crítico para o sucesso da implementação de qualquer estratégia, mas que muitas vezes as organizações deixam de lado devido a quanto a estratégia irá consumir de recursos.

> *"Há uma integração total entre os processos de planejamento e orçamento da empresa."*
> (Silvia Rocha Coelho Lima)

No exemplo da casa, imagine se os diversos atores responsáveis (arquiteto, mestre de obras, pedreiros e outros) pela construção não conhecerem o projeto final e se não estiverem alinhados entre si? A casa provavelmente não ficaria pronta a tempo e haveria desperdício de recursos financeiros devido ao retrabalho e à falta de alinhamento. Imagine ainda se não houvesse um orçamento de curto prazo alinhado ao orçamento total para garantir a compra dos materiais e o pagamento dos diversos fornecedores? Definitivamente, a casa não ficaria pronta.

Jaime Almeida compartilha conosco: *"Analisando com olhos dos dias de hoje a estrutura que muitas empresas empregavam, com cada gerente de produtos/marcas construindo individualmente sua estratégia e, por somatória, aglutinando outros pedaços de estratégia, que ao final do dia formavam então a estratégia da empresa, era uma formação surreal de estratégia corporativa, uma verdadeira colcha de retalhos. Processo de comunicação da estratégia? Que é isso, companheiro?! Quem é que investia tempo em levar de A a Z dentro da empresa a decisão estratégica tomada no topo da pirâmide?"*

Esses são problemas recorrentes na execução de um plano, seja para a construção de uma casa, seja para o alcance da visão de futuro de uma organização. Diversas estratégias empresariais fracassam, não por serem mal formuladas ou incompletas, mas sim pelo fato de não estarem desdobradas e alinhadas na organização. Aqui, o papel do Ativista Arquiteto é de extrema importância, pois ele é quem calibra o alinhamento organizacional em prol da estratégia.

> *"Mapa estratégico, BSC, objetivos estratégicos, indicadores, painéis de contribuição em todas as unidades assistenciais e de apoio, são palavras que*

serão exaustivamente usadas em um planejado programa de divulgação e de acompanhamento dos resultados com o uso de indicadores. Essa grande mudança, na forma de trabalhar, será levada a todas as unidades assistenciais ou de apoio que integram o Hospital Moinhos de Vento. Cabe a cada um pensar no que pode ser mudado, identificando qual a sua participação no processo, seja com a sugestão de mudanças, seja com a adoção de novas posturas."

(João Polanczyk, do Hospital Moinhos de Vento)

QUAL É A MELHOR FORMA DE GERENCIAR A OBRA?

O ciclo fechado de gestão é um sistema abrangente e integrado para interligar a estratégia às operações, assegurando, assim, o alcance dos objetivos futuros da organização.

Como vimos, o ponto de partida desse sistema é a formulação da estratégia, quando a organização reafirma a visão de futuro e, em seguida, desenvolve um plano capaz de fechar as lacunas desejadas. A seguir, este plano é materializado em ações tangíveis ordenadas cronologicamente no horizonte de reflexão da estratégia. Este processo é conhecido como tradução da estratégia. Na Etapa 3, alinham-se as partes que compõem a organização para gerar sinergia. A etapa seguinte descreve a execução da estratégia propriamente dita, ou seja, a implementação das iniciativas planejadas e a execução dos processos alinhados a estratégia. Nesse momento, o orçamento já comtempla as necessidades estratégicas de curto prazo.

Após executadas essas fases, está na hora de monitorar o desempenho da estratégia para eventualmente corrigir a rota. O arquiteto da estratégia contribui muito nessa etapa do processo de gestão da estratégia, com a concepção de um sistema de monitoramento que avalie o desempenho dos processos operacionais críticos e das iniciativas estratégicas prioritárias.

"A avaliação das competências nos fez ver claramente o que, creio eu, com base em conversas com colegas, consultores etc., é muito comum na maioria das empresas hoje: 100% de foco dos executivos na execução – entrega dos resultados... e quanto sobra para a gestão da estratégia? Praticamente, não 'sobra'. Guiados por essa avaliação, iniciamos a revisão do modelo de governança, a fim de garantir 'espaço' para fóruns estratégicos. Criamos um fórum apenas para revisar a estratégia a cada três meses – e, com muita energia, venho empenhando meus esforços de incentivo e coaching aos líderes, a fim de reverem sua administração do tempo efetivamente integrando a estratégia em seu dia a dia... para, enfim, garantirmos um futuro competitivo e entregarmos o sonho de crescimento de dobrar o negócio em cinco anos!"
(Luiza Zequi, segmento indústria)

Talvez esta seja a etapa do ciclo integrado de gestão em que a face "arquiteto" do Ativista da Estratégia mais contribui e agrega valor. Tanto o monitoramento dos processos operacionais críticos quanto a própria estratégia ocorrem em reuniões de análise, que devem ser sistematizadas e conectadas entre si, a fim de garantir a excelência no processo de tomada de decisão.

"Quando fui convidado a atuar oficialmente na área de processos do banco, passei a entender que a estratégia está intrinsecamente ligada à operação através dos processos, e processos eficientes significam estratégias bem-sucedidas."
(Executivo de uma instituição financeira)

A concepção desse sistema integrado de reuniões por toda a organização é um grande feito do Ativista Arquiteto. Essa complexa concepção otimiza os fóruns de gestão existentes atualmente na organização, por meio da criação de um calendário corporativo com todas as reuniões gerenciais. Define ainda os produtos que serão gerados por cada uma dessas reuniões, que servirão de insumos para outras em outro nível da organização. E, finalmente, sugere quem deve participar de cada um desses fóruns de análise.

As reuniões de análise da operação têm como objetivo monitorar e gerenciar o desempenho financeiro (orçamento) e operacional (processos críticos) de curto prazo. Baseiam-se em indicadores de desempenho que medem a eficiência e a eficácia desses processos operacionais. São reuniões que acontecem com uma frequência maior (semanal ou quinzenalmente), mas devem gerar análises e decisões que seguramente ajudarão a compreender eventuais desvios na estratégia.

> *"Integramos também o BSC fortemente com o sistema de gestão da qualidade, e a experiência fez com que eu tivesse oportunidade de conhecer toda a operação da empresa. Os painéis de gestão à vista das áreas passaram a ter muito mais consistência com o mapa estratégico corporativo."*
> (Marcelo Petercem Ramos)

As reuniões de análise da estratégia visam monitorar e gerenciar os elementos da estratégia, ou seja, as iniciativas estratégicas, assim como os indicadores estratégicos definidos na etapa de tradução da visão de futuro. Baseiam-se na análise sistêmica de desempenho destes elementos e nos resultados estratégicos efetivamente gerados. Essas reuniões acontecem com uma frequência menor do que as reuniões operacionais, dependendo muito do movimento e da competitividade da indústria na qual a organização está inserida.

> *"Reestruturamos os fóruns de reuniões e asseguramos um método para a organização cuidar ao mesmo tempo da gestão do curto, médio e longo prazo."*
> (Nayara Fernanda Alves, da Tigre S.A. – Tubos e Conexões)

No canteiro de obras, as reuniões rotineiras são conduzidas pelo arquiteto, que, juntamente com o mestre de obras e sua equipe, discutem sobre os aspectos do projeto: prazo, escopo e orçamento. Em conjunto, eles analisam os desvios e implementam ações com o propósito de corrigir esses desvios.

Outras reuniões são realizadas com o futuro proprietário para comunicar os resultados, alinhar as expectativas e, eventualmente, adaptar o projeto para atender a algumas especificações não previstas.

CHEGOU A HORA DE MUDAR DE CASA

A disciplina no monitoramento do plano é benéfica para a organização, pois traz à tona as barreiras para a implementação da estratégia. Entretanto, os benefícios desse processo vão além da superação das barreiras que aparecem no dia a dia da organização.

A formulação da estratégia na primeira etapa baseou-se, sem dúvida, na definição de diversas premissas acerca do futuro. No exemplo da casa, foram consideradas algumas condicionantes: uma casa para um casal com dois filhos pequenos, em área urbana e próxima dos ambientes de trabalho do casal e da escola das crianças.

Muitas organizações, com o processo de avaliação constante da estratégia, aprendem muito sobre a evolução dessas premissas. Esse aprendizado permite que mudanças na concepção da estratégia sejam feitas, e a organização passa a ter novos desafios estratégicos.

Os filhos cresceram e foram para a universidade, o casal finalmente se aposentou e busca um ambiente tranquilo para aproveitar essa nova fase da vida. Essas premissas utilizadas na concepção da casa atual não existem mais, e essa família está diante de novas premissas: morar em uma casa menor e adaptada à fase da vida do casal, estar localizada em uma zona tranquila e distante dos centros urbanos.

O plano concebido anteriormente não atende, de forma suficiente, aos desafios futuros da organização. Tudo que foi planejado, traduzido, alinhado, executado e gerenciado é colocado à prova. Essa é a última fase do ciclo: muitas lições foram aprendidas e muitas adaptações ocorreram. Então, chegou a hora de reiniciar o processo e pensar em uma nova estratégia.

Dessa forma, os líderes da organização desenvolveram a habilidade de tomar decisões rápidas e efetivas, visando corrigir os desvios em relação à estratégia pretendida, ou, até mesmo, mudando a estratégia após testarem e aprenderem que as premissas (internas e externas) que sustentavam a estratégia foram alteradas.

O arquiteto recomeça o ciclo e seu trabalho será recompensado com uma nova casa!

CAPÍTULO 4

O Educador

JOSÉ PAULO GONÇALVES SILVA JR.

"Só há duas opções nesta vida: resignar-se ou indignar-se.
E eu não vou me resignar nunca."

DARCY RIBEIRO

QUEM SÃO OS EDUCADORES?

Educadores são profissionais que atuam nas mais diversas áreas da educação. São professores, pesquisadores, orientadores educacionais ou estudiosos de questões educacionais. No Brasil, temos como principais educadores figuras ilustres como Anísio Teixeira, Paulo Freire, Darcy Ribeiro, Florestan Fernandes, Gustavo Capanema, Lourenço Filho e Fernando de Azevedo. Pessoas que fizeram da educação a razão principal de sua vida.[1]

De modo geral, a atividade primária do educador está ligada à socialização ou difusão do conhecimento, mas, numa sociedade em que a mudança é a única característica permanente, a responsabilidade sobre a geração de conhecimento é cada vez maior. Os educadores citados tiveram vasta obra publicada. Florestan Fernandes, por exemplo, escreveu mais de 50 livros e centenas de artigos. O Ativista da Estratégia também tem de buscar maneiras de socializar conhecimento para aumentar a competência da organização em gestão da estratégia. Veremos, mais adiante, diferentes mídias e canais que podem ser utilizados para compartilhar as diretrizes estratégicas.

Para ser capaz de gerar conhecimento, o educador deve manter-se atualizado, assim como desenvolver a habilidade de escutar para ser efetivo em sua abordagem, pois muitas vezes os "alunos" apresentam valores e modelos mentais bem diferentes daqueles para os quais foi preparado para ensinar. Quando, em 1963, Paulo Freire resolveu alfabetizar 300 cortadores de cana em 45 dias, não utilizou as metodologias tradicionais de alfabetização, pois elas não eram adequadas ao público nem ao prazo disponível. Desenvolveu um método totalmente inovador de alfabetização, bem mais acessível, que veio a se tornar conhecido como o Método Paulo Freire.

"Tínhamos de traduzir a nossa crença de uma forma fácil, entendível, o mais didática possível e mostrar sua aplicabilidade para toda a organização. O objetivo era que as pessoas, ao baterem o olho, entendessem o todo

---

[1] Para conhecer as conquistas que os levaram a esse reconhecimento, ver tabela ao final do capítulo.

e que esse todo fizesse sentido quando chegasse o momento do exercício. A outra função era mostrar que poderíamos dar um passo significativo com singular simplicidade, mesmo aplicando alguma metodologia. Isso faria as pessoas perceberem que poderiam colaborar, mesmo não tendo nenhuma experiência prévia em planejamento."
(Luiz Sabatino)

Do mesmo modo, o Ativista deve ter a sutileza de "ler" a organização, identificar seu nível de maturidade em diferentes dimensões, compreender a cultura, para então adequar sua abordagem ao público e cultura. "*A diferença entre remédio e veneno está na dose de prescrição*",[2] por isso é tão importante o Ativista conhecer a organização, pois se sofistica muito o método em uma empresa que não está madura o suficiente, o novo modelo de gestão não terá a adesão necessária. Eduardo de Toledo conta sua experiência ao assumir a gestão da organização: "*Não fiz as reuniões semanais que costumo fazer logo no início. Precisei (primeiro) definir o que era prioritário e [...] No primeiro ano me dediquei muito a conhecer os indivíduos, interagir com as pessoas, mas sem criar nenhum formalismo de gestão e cuidando obviamente dos controles orçamentários. Depois comecei a trabalhar o indivíduo e a forma de gestão de cada um deles. Conversei também com cada um dos três filhos (herdeiros) para saber o grau de dedicação que iriam ter no negócio nesse momento de vida, que sentido isso fazia, o quanto queriam participar da condução dos negócios...*"

Ziléa Santos Barrilari, executiva de estratégia da Real Tokio Marine Vida e Previdência, atual empresa do Grupo Santander, mostra quanto é importante ter repertório para se chegar a uma solução adequada ao momento da organização: "*Deveríamos conhecer outras metodologias antes de considerar a tarefa terminada (formular a nova estratégia). Após estudarmos algumas das mais recentes abordagens sobre inovação e relacionamento com clientes, decidi propor a utilização dos conceitos de inovação, cocriação de experiências e proposição de valor ao cliente para definir nossa estratégia...*"

---

[2] Frase de Paracelso, famoso cientista suíço do passado.

O educador maduro é aquele que, ao longo do tempo, conseguiu aprender com os erros, a construir uma identidade consistente, equilibrando o intelectual, o emocional, o ético e o pedagógico.

Esses Ativistas queriam estruturar a educação em um país cujos governantes preferiam ver seus cidadãos analfabetos e a melhor maneira que encontraram para mudar o *status quo* foi estando perto do poder. Do mesmo modo, o SMO[3] tem de estar perto de quem decide, deve ter canal direto com o líder da organização. Esse por sua vez deve assumir o compromisso de guiar a empresa no caminho da evolução.

Educadores e Ativistas da Estratégia enfrentam resistências e devem saber superá-las. Empresas com histórias de sucesso enfrentam dificuldade em aceitar mudanças, como um novo modelo de gestão, por exemplo. Jovaneide Polon conta sua experiência em tentar quebrar modelos mentais e paradigmas arraigados na organização: *"Um dos entraves começou aí: vencer as barreiras dos modelos mentais de que 'sempre fizemos assim' e (fazê-los) entender a necessidade de evolução do modelo, que a empresa estava crescendo, alcançando uma maturidade que exigia um novo posicionamento frente ao mercado e adequação dos seus processos às novas demandas."*

A postura diante do mundo e dos outros é muito importante para a construção do relacionamento entre o educador e sua turma ou entre o Ativista e a organização. Ao expor seu gosto em aprender, facilita o desejo de os outros aprenderem. Ao vencer um obstáculo, inspira seus alunos a se superarem também.

> *"Acredito que o Ativista é um empreendedor otimista, que vê e mira longe, mas luta muito e comemora cada passo percorrido, não se deixando abalar pelos obstáculos e imprevistos do percurso, pois cada passo representa um novo patamar de maturidade em gestão da estratégia para a organização. Além disso, o próprio Ativista se completa, se desenvolve e, consequentemente, se realiza."*
> (Douglas A. Pereira)

---

[3] SMO é abreviatura de Strategy Manager Officer, o responsável pela Unidade de Gestão da Estratégia, geralmente o gestor da área de planejamento estratégico da empresa.

Florestan Fernandes, por exemplo, filho de lavadeira que começou a trabalhar aos 6 anos como engraxate, tornou-se mestre e foi inspiração para outros dois sociólogos renomados do país, Octavio Ianni e Fernando Henrique Cardoso. Tarcisio Albuquerque Queiroz, da Cemig, compartilha algumas das dificuldades que teve de enfrentar: "*Existem diversos fatores que são críticos para o sucesso da gestão da estratégia, como a definição de indicadores e metas e a disciplina no acompanhamento das entregas das iniciativas. Já houve momentos em que, ao iniciar a reunião, verifiquei que as metas prioritárias e as iniciativas não estavam organizadas. Fizemos a reunião, para garantir a disciplina do processo, mas fiz questão de demonstrar que estávamos discutindo processos e indicadores, em vez de olhar os resultados e a estratégia. Fazemos um trabalho muito forte com representantes das diretorias, na busca do convencimento, de tentar integrar as pessoas e estimulá-las. Toda essa motivação é proporcionada pelo envolvimento no processo e pela sensação de coparticipação.*"

No ambiente de mudança acelerada em que vivemos, além da competência intelectual e do saber específico, é importante ter pessoas capazes de ações transformadoras e estruturantes; pessoas que reconheçam a necessidade de novos aprendizados, ou de novas formas de aplicar seus conhecimentos. O verdadeiro educador tem proatividade para fazer acontecer. Do mesmo modo, o "Ativista Educador" deverá criar toda a estrutura, tanto física quanto tecnológica e de pessoas, para suportar a gestão da estratégia, conscientizando todos da interdependência do processo.

O EDUCADOR COMUNICADOR

O educador é fundamentalmente um comunicador. Ao lecionar, escrever um livro ou defender seu ponto de vista, está se comunicando e deve dominar essa competência. Como poderiam grandes educadores brasileiros ter lecionado, escrito livros e tido passagem de sucesso pela política se não fossem bons comunicadores?

Para que o Ativista da Estratégia tenha sucesso na execução de seu plano estratégico, deve ter a competência do verdadeiro educador; habilidade de engajar pessoas, com uma comunicação eficiente, clara e adequada aos diferentes públicos dentro da organização. Lee Iacocca colocou essa questão, declarando: "*O único modo de conseguir motivar as pessoas é se comunicar com elas.*"

Parece uma tarefa simples, mas Rômulo Provetti, da Cemig, lembra que é um processo complexo a tarefa de se comunicar com os diferentes públicos dentro de uma organização em que "[...] *os mapas*[4] *ainda eram muito etéreos para o público que queríamos alcançar com a comunicação. Tínhamos quase 7 mil empregados na diretoria, espalhados por todo o estado [...]. A maior parte eram eletricistas e técnicos que atuavam todo o dia no campo, em atividades operacionais. A grande capilaridade e o perfil das pessoas dificultavam a comunicação, mesmo contando com recursos muito bons, como uma intranet abrangente e diversos canais de comunicação bastante efetivos. Fazer pessoas tão dispersas em diferentes lugares, com atribuições, graus de formação e entendimento da cultura organizacional tão diferentes entenderem seu papel no processo, não foi uma tarefa fácil*".

Aqui aparece um aspecto importante do Ativista da Estratégia. Para que a comunicação seja efetiva, é fundamental o "corpo a corpo", mas a dimensão de uma organização é muito maior que de uma sala de aula. Por isso é importantíssimo capacitar multiplicadores da estratégia.

As primeiras pessoas a serem capacitadas são as que compõem sua própria equipe, determinando de que forma cada uma vai contribuir com o alcance do objetivo, pois operacionalizarão e multiplicarão a estratégia. Sem esta "rede", o líder nada poderia fazer. Num segundo momento, são necessários mais multiplicadores, como a média gerência. Segue trecho do relato de Tarcísio Albuquerque Queiroz, da Cemig: "*Levamos as informações relativas à estratégia para toda a empresa e desenvolvemos um plano de comunicação com o objetivo de fazer as informações necessárias chegarem a todos. Treinamos os gerentes para*

---

[4] Mapa estratégico é um instrumento de síntese que traduz a visão e a estratégia em termos operacionais. É composto por objetivos relacionados (o modelo de causa e efeito), divididos em diferentes perspectivas, para contar a "história da estratégia".

se tornarem multiplicadores e divulgamos os assuntos nos veículos internos de comunicação: e-mails, intranet, jornais, mural, revista, entre outros. Mensalmente, enviamos informativos para todos os diretores, superintendentes e gerentes, para que os executivos conversem com suas equipes sobre os temas relativos à estratégia. É um trabalho de formiguinha. Dia a dia, disseminamos as informações para um número cada vez maior de pessoas."

A clareza na comunicação (1) faz todos compreenderem o rumo que a empresa pretende seguir, (2) e quais desafios são prioridade. Esse entendimento comum, graças a um compartilhamento inteligível de informações, levará ao alinhamento (3) e, com esse alinhamento, o gestor poderá mobilizar todos na execução da estratégia (4). E, com todos envolvidos na gestão da mudança e fazendo da estratégia uma ação cotidiana, os resultados aparecerão (5).

Robert Kaplan expõe o principal benefício da clareza na comunicação da seguinte forma: *"Claramente, a comunicação é a principal alavanca para se atingir o sucesso organizacional. [...] sem a compreensão da visão e da estratégia da empresa, as pessoas não estarão aptas para, proativamente, encontrar alternativas inovadoras para ajudar a organização a atingir seus objetivos."*[5] Ou seja, a comunicação eficaz provê a todos os colaboradores a prontidão necessária para contribuir proativamente e de maneira alinhada à estratégia. Mario Augusto Lima e Silva, da Duke Energy, mostra que seu ponto de vista está alinhado a Kaplan: *"Meu objetivo era mostrar que todos poderiam ganhar mais se a equipe ajudasse a alcançar os objetivos da empresa. A melhor forma que encontrei para isto foi manter toda minha equipe com o mesmo nível de conhecimento organizacional. Quando existe uma equipe que produz algo que não sabe para que e não entende o horizonte da empresa, a primeira providência a ser tomada é fazer todos perceberem o que cada um faz e o que isso impacta nos resultados da empresa. Os profissionais desempenham melhor suas tarefas quando conseguem ter a visão de todo o negócio."*

[5] Robert Kaplan, Communication and Education to Make Strategy Everyone's Job, 2000.

A princípio, pode parecer fácil implantar uma nova política de comunicação numa empresa, mas não basta definir princípios e traçar estratégias. Criar e implantar, mesmo formas mais didáticas e eficazes de comunicação, é uma tarefa árdua – antes de tudo, e quase sempre, é preciso mudar mentalidades e a própria cultura da empresa. Não apenas da alta direção, mas principalmente da média gerência. O relato de um executivo de uma instituição financeira nos mostra que algumas coisas precisam ser vivenciadas para ser internalizadas. Assim como na sala de aula, não basta "assistir" à aula; o aprendizado vem com o tempo e a prática: *"Tive de aprender algumas lições, uma delas era como lidar com frustração, visto que o nosso ritmo nem sempre é o ritmo em que as coisas acontecem. E foi bem difícil aprender a atuar como um Ativista para mudar a cultura da organização e disseminar no grupo a cultura para fazer da estratégia o dia a dia de todos. Hoje, após cinco anos do projeto e dois anos da existência do Departamento de Planejamento Estratégico, tenho certeza de que o grupo mudou muito."*

Nunca é demais lembrar que a alta liderança tem papel fundamental nesse processo de comunicação. Sem esse patrocínio, dificilmente a mensagem irá atingir a todos com o impacto necessário para a mobilização, dificultando o estabelecimento de um ritmo, ou cronograma, na implantação da nova estratégia. No entanto, na maioria das vezes, os líderes precisarão de apoio para formatar uma mensagem adequada. Jovaneide Polon fala de seu esforço para preparar os gestores: *"Precisamos reforçar continuamente os principais conceitos, até que eles (os gestores) se 'apropriem' do discurso de forma consistente para disseminar a estratégia em toda a empresa. Uma das abordagens que utilizamos é preparar as principais lideranças para realizar palestras semestrais/anuais a empregados diretos e contratados; esse é um momento de disseminação da estratégia e promoção do envolvimento de todos."*

O Strategy Management Officer pode apoiar bastante os líderes no que diz respeito ao conteúdo, mas há outros aspectos da comunicação a serem desenvolvidos. Os bons comunicadores utilizam bem sua voz, seu corpo, têm uma linha de argumentação didática e efetiva, consideram a sensibilidade e as características dos ouvintes. Assim como os líderes, devem mediar os conflitos pelo bom-senso.

Christopher Davies Junior conta sua experiência como comunicador: *"Eu me vejo como tradutor das expectativas e objetivos da empresa para as diretorias, as áreas e os colaboradores, pois, apesar de todos falarem o mesmo idioma, o português, a linguagem de cada um é diferente. Assim, para ser mais efetivo na comunicação e na tradução da estratégia, utilizo um formato adaptado a cada público. Dessa forma, todos dentro da empresa entendem a mesma mensagem."* Ou seja, para se comunicar bem, é preciso saber ouvir e trabalhar tanto o conteúdo – que deve ser consistente, claro e correto – quanto a forma, que deve ser adequada à pessoa que está sendo comunicada. Em grandes grupos ou organizações, a mensagem deve ser transmitida várias vezes e de várias formas para que seja bem assimilada.

EDUCADORES ATIVISTAS

Talvez uma das competências essenciais do verdadeiro educador seja a resiliência. Vencer as dificuldades e os obstáculos faz parte do dia a dia do educador. Quanto mais resiliente for o indivíduo, maiores serão suas conquistas e seu desenvolvimento pessoal. Num país como o Brasil, onde os educadores são pouco valorizados, essa determinação é ainda mais importante.

O Ativista da Estratégia como educador deve ser forte para enfrentar as consequências de suas ações transformadoras e reforçar continuamente os principais conceitos. O maior apoio que poderá receber nessa empreitada, é o exemplo dado pela alta direção, pois é ela quem determina a colocação da estratégia em prática. Silvia Rocha Coelho Lima ressalta que "*a gestão da mudança e a comunicação são essenciais. As empresas têm de tornar o BSC*[6] *parte da cultura de gestão da empresa, mostrando os benefícios e incentivando a consulta e a utilização da ferramenta. Na implementação, a palavra-chave é comunicação. Mas, na gestão da empresa, o mais importante é a prática, é o*

[6] Balanced Scorecard (BSC) é um modelo de gestão que auxilia as organizações a traduzir sua estratégia em objetivos, metas e projetos que direcionam comportamentos e desempenho.

exemplo dado pelos diretores e gerentes na gestão do dia a dia". O professor passa as informações, mas são os pais/liderança que reforçam o comportamento, dando o exemplo.

Assim como os educadores brasileiros, que tiveram de se capacitar, batalhar, conscientizar as pessoas e criar a infraestrutura necessária para o desenvolvimento da educação neste país, o Ativista da Estratégia deverá criar a infraestrutura necessária para a gestão do conhecimento e gestão da estratégia em sua organização. Além de o Ativista ter de educar sobre a estratégia da empresa, também precisará estruturar suas ferramentas e processos de gestão.

Pessoas acomodadas não obterão resultados nessa empreitada. Eduard Cornelis Schardijn mostra sua determinação neste relato: *"Continuam dizendo que sou 'Ativista', perdendo tempo com estas ou aquelas informações, mas continuo acreditando em tudo que faço. Devemos deixar muitas vezes de lado a cara de espanto de nossos colaboradores e colegas corporativos, quando, em nossas atividades de pesquisas e buscas de dados para a formação da base da estratégia, não somos bem interpretados. Devemos deixar de lado também a reação, principalmente das áreas estritamente operacionais/executoras, que, com certeza, nos deixam falando sozinhos, pois estão sempre tão ocupados que não têm tempo de passar as informações/dados que procuramos. Informações que podem ajudá-los no futuro a resolver as mesmas preocupações que têm hoje..."*

O depoimento de Silvia Rocha Coelho Lima também demonstra a inquietude, sentimento essencial nos Ativistas da Estratégia: *"Estamos sempre questionando o que podemos fazer diferente e melhor. Eu, como líder da equipe de Planejamento e Projeção, tenho esse desafio de estar sempre atenta para propor mudanças que melhorem nosso processo de elaboração e acompanhamento do planejamento. Atualmente, estou pensando em como vou mudar o relatório de monitoramento estratégico e a dinâmica da RGE (Reunião de Gestão da Estratégia). Começo a sentir que está caindo muito na rotina e que deixa de prender tanto a atenção das pessoas. Quando começo a sentir isso, percebo que está na hora de mudar, reinventar."* O Ativista da Estratégia deve ter a inquietude do educador que está sempre aprendendo coisas novas, mudando as dinâmicas de aula, para que não caia na rotina e para que os alunos se mantenham interessados.

IV

CAPÍTULO 5

O Navegador de Rally

FANNY SCHWARZ, ILANA GOLDSMID
E LEONARDO LEAL

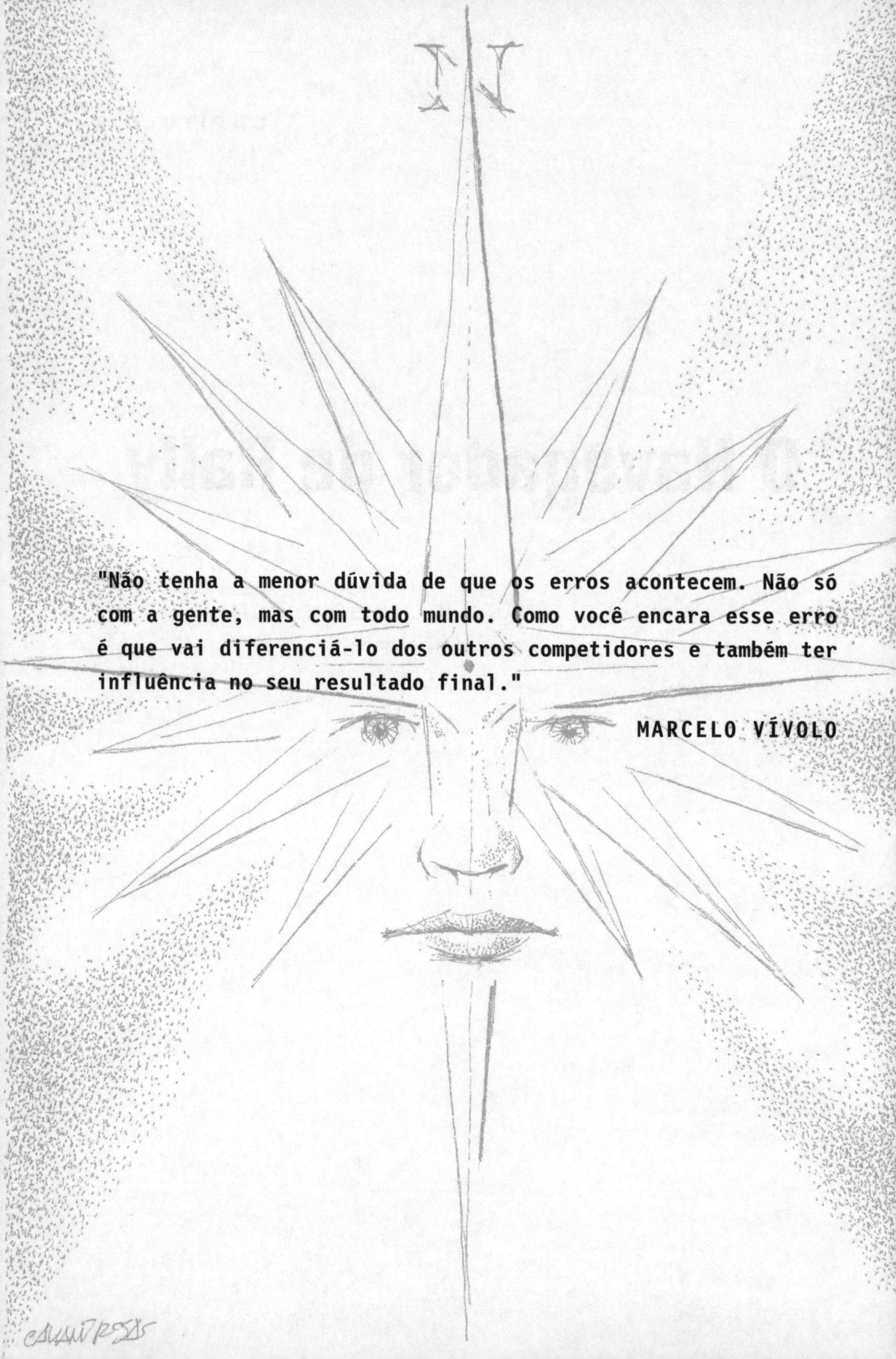

"Não tenha a menor dúvida de que os erros acontecem. Não só com a gente, mas com todo mundo. Como você encara esse erro é que vai diferenciá-lo dos outros competidores e também ter influência no seu resultado final."

MARCELO VÍVOLO

O QUE É UM NAVEGADOR DE RALLY?

O navegador é a pessoa que fica ao lado do piloto e tem papel fundamental no planejamento e na correção das estratégias. É dele a responsabilidade de indicar o caminho a ser percorrido, de acordo com a leitura e a interpretação da planilha[1] e dos equipamentos. E aqui já podemos fazer nossa primeira analogia entre o navegador e o Ativista da Estratégia. Para este, a planilha e os instrumentos nada mais são do que o mapa da estratégia com seus objetivos e respectivos indicadores. Se para o navegador a planilha, junto com o mapa cartográfico, é o guia que orienta o caminho e as condições a serem seguidas para finalizar a prova da melhor forma possível, o mapa da estratégia é o guia para que as organizações acompanhem seu desempenho no percurso rumo ao destino estratégico. Ganha a prova de rally a equipe que menos erra. Para isso, os navegadores contam com seus mapas e instrumentos, e os gestores da estratégia contam com seus mapas da estratégia e indicadores de desempenho.

O navegador deve ser capaz de indicar, a qualquer momento, onde a equipe está localizada em relação ao plano estabelecido e ao ambiente à sua volta, com total domínio sobre sua posição no tempo e no espaço. Somente a partir daí, será possível estimar com segurança o tempo necessário para alcançar o destino e evitar as eventuais ameaças.

Talvez essa seja sua principal missão. No entanto, o que realmente significa ser um navegador? Nada pode ser mais importante do que encontrar caminhos nunca antes percorridos. É isso que melhor diferencia um verdadeiro navegador de um viajante que apenas segue um mapa desenhado.

---

[1] A planilha é como um caderno, ou livro de bordo, com as informações necessárias para se desenvolver o rally. Ela traz as anotações sobre os tempos, distâncias e médias de velocidade que devem ser seguidos durante a prova.

PAPEL DO ATIVISTA E DA LIDERANÇA NA GESTÃO DA ESTRATÉGIA

Também é papel do navegador ser o conselheiro do piloto, alertando-o sobre os perigos e obstáculos existentes e assessorando-o na tomada de decisão. Da mesma forma, o Ativista Navegador deve ser o conselheiro,[2] ou *coach*, dos líderes de sua organização.

É papel da liderança tomar decisões que conduzam a empresa ao cumprimento da visão de futuro, devendo o Ativista Navegador estar atento e disponível para orientá-la no percurso de execução.

Os líderes da empresa estarão com a mente ocupada em executar o planejamento estratégico, concentrando seus esforços na busca de novas formas de resolver problemas, no desvio de obstáculos e na procura de oportunidades. Cabe ao Ativista, então, apoiar a liderança, reforçando e relembrando constantemente o caminho escolhido, lendo o ambiente externo de modo a antecipar possíveis ameaças e apresentando informações atualizadas sobre o cumprimento da rota. Seu papel de dar os alertas permite que os líderes possam concentrar-se na execução em si.

De acordo com Klever Kolberg,[3] integrante da equipe brasileira do Paris-Dakar, em uma prova de rally a *"responsabilidade é dividida entre piloto e navegador. Se há confiança, fica mais fácil trabalhar. O piloto tem que confiar nas indicações do navegador para não perder foco no que tem que fazer (olhar para frente). A melhor ferramenta para vencer esse desafio é o trabalho em equipe"*. Nesse sentido, Ana Carolina Chaer, do CNJ, comenta: *"Um dos fatores essenciais para o sucesso do projeto foi poder contar com líderes muito proativos e comprometidos com o sucesso do empreendimento. Eles formaram, com o departamento de gestão estratégica, uma verdadeira equipe. Essa equipe conseguiu persuadir os presidentes de tribunais, ministros, conselheiros, juízes e demais envolvidos de que o futuro do Judiciário dependia do investimento nesse novo modelo*

---

[2] Este papel pode ser desenvolvido pelo OSM (*Office of Strategy Management* – Escritório de Gestão da Estratégia), pelo presidente ou mesmo por um comitê responsável pela gestão da estratégia.

[3] Piloto de rally, palestrante, engenheiro, comentarista ESPN.

de gestão. Pode-se medir quão árdua foi a tarefa, a partir da circunstância de que este público jamais cogitara implantar um modelo de gestão moderna e não estava, desde a partida, seguro dos seus reais resultados e vantagens."

Aqui podemos traçar uma forte analogia com o profissional de gestão da estratégia, o nosso Ativista. Ele e a liderança da organização devem atuar em forte sintonia para garantir o alcance dos resultados esperados.

A confiança do piloto no navegador e no plano traçado é fundamental para se atingirem os objetivos. Quando isso não acontece, existe a tendência a seguir a trilha dos adversários, que nem sempre estão no caminho correto. O Ativista Navegador tem o desafio de continuamente propor e construir em conjunto com a liderança o caminho e o processo a serem percorridos. Saber que têm um bom plano, que estão avançando de acordo com ele e que os ajustes necessários estão sendo realizados de forma oportuna, essa é a melhor receita para que um CEO confie em seu Ativista Navegador.

Também é papel do Ativista orientar os líderes para que assumam o papel de mobilizadores e incentivadores da organização rumo às mudanças previstas pela estratégia da organização. Além disso, deve ser capaz de incentivar o grupo e ter disciplina para manter as informações o mais atualizadas possível.

Mario Augusto Lima e Silva, da Duke Energy, explica bem como esses papéis são refletidos no dia a dia da execução da estratégia: *"Houve resistência de uma minoria que falava que já tinha conhecimento dos assuntos e que tudo aquilo seria inútil. Era complicado mudar paradigmas, mas o tempo mostrou que os profissionais que recebiam mais informações e se mantinham atualizados com o foco da empresa ganhavam mais do que aqueles que não se interessavam pelo assunto. Com o decorrer do tempo, os que estavam empenhados isolavam os que não queriam colaborar com o processo."*

PERFIL DO NAVEGADOR

Desenhar um plano de viagem é uma das maiores e mais importantes atribuições. No entanto, um plano não faz nada por si próprio. É preciso que seja comunicado ao piloto. Daí vem outra grande característica do navegador:

conseguir estabelecer uma comunicação eficaz com seu piloto para que as mensagens sejam transmitidas de forma rápida, clara e sem erros.

O valor do navegador está diretamente associado à sua capacidade de passar informações de forma segura e na hora certa. Como já foi dito, se isso acontecer, o piloto terá a confiança necessária para acelerar e buscar os melhores tempos. Qualquer dúvida ou insegurança do piloto com relação à navegação vai se refletir diretamente numa pilotagem mais conservadora, reduzindo consideravelmente suas chances de obter bons tempos. Pedro Faria, da Tarpon, comenta sobre o fator confiança no processo de mudança: *"Preciso estar muito convicto das minhas ideias e atitudes, porque, como Ativista da Estratégia, não posso deixar transparecer insegurança ou inconsistência em relação a um argumento ou ponto de vista que estou defendendo. Se a pessoa com quem lido perceber alguma vulnerabilidade no meu posicionamento, será muito difícil reconquistar a capacidade de fazer qualquer mudança na empresa."*

O bom navegador é uma pessoa metódica e tem sempre tudo muito bem planejado. A pior situação é ser apanhado por surpresas. Se ele é o responsável por estabelecer o plano do caminho a seguir, e como seguir, qualquer situação fora do esperado pode ameaçar sua própria confiança e trazer desvios de rotas ou atrasos para alcançar o destino.

Com seus vários anos de experiência em provas de rally, Klever reforça que confiança é a palavra fundamental, além de fator crítico para o sucesso na relação entre o piloto e o navegador, já que a falta dela pode comprometer o resultado final. Como ambos discutem a planilha antes de partir, a responsabilidade é dividida.

No mundo corporativo, a relação entre o Ativista Navegador e a liderança segue esses mesmos princípios. Se realizaram o planejamento juntos, devem acreditar que esse é o melhor para alcançar o destino desejado e serão corresponsáveis por ele.

Após isso, o Ativista Navegador monitorará o caminho percorrido da melhor forma possível, trazendo informações pertinentes, comunicadas de modo eficiente e em tempo hábil. Para isso, funcionará seu lado metódico, que poderá manifestar-se desde o planejamento. É necessário ter muita disciplina para fazer todas as considerações serem levadas em conta. Aí, sim, poderão saber que o plano traçado é o melhor. Depois vem a capacidade de coletar informações precisas, sabendo onde buscá-las. As informações não estão todas facilmente disponíveis e ao alcance do Ativista da Estratégia. Então, é importante que saiba relacionar-se bem com as outras áreas para conseguir que elas forneçam tais informações. É preciso, também, atualizar todos os relatórios de forma padronizada, organizada e de fácil compreensão, publicá-los nos tempos acordados e preparar as reuniões de gestão de modo que todas as informações estejam disponíveis para a tomada de decisão sobre possíveis correções de rumo.

O Ativista em uma organização deverá ter uma relação muito estreita com a liderança para que esta considere a estratégia o centro da gestão. Sua principal atribuição é manter a gestão da estratégia viva e em contínua evolução, o que requer alinhamento constante entre as diferentes práticas e processos com a estratégia.

Na opinião de Klever, outro ponto muito útil na relação piloto-navegador é a questão da diversidade. Para que um possa complementar o outro, é necessário que tenham perfis diferentes. Um pode ser mais arrojado e assumir mais riscos, enquanto o outro pode ser mais cauteloso e analisar bem a situação antes de tomar decisões. Um pode ser mais tolerante a pressões externas, enquanto o outro perde a paciência mais rapidamente. Durante uma prova, ou no percurso do caminho trilhado por uma organização para atingir seu destino estratégico, esses pontos antagônicos ajudam a enxergar as situações sob diversas óticas, provocando soluções criativas e decisões balanceadas.

Um bom navegador nunca "enjoa" durante a jornada. Podemos nos referir a essa afirmativa de forma literal, ou de forma subjetiva. Todo participante de rally deve ter nervos de aço para aguentar as pressões e intempéries do caminho.

É importante lembrar que todos os membros da equipe precisam acreditar que seu plano é o melhor que existe, sendo fundamentais a perseverança e a determinação em segui-lo. Perseverança e determinação são fundamentais para assegurar que todos os detalhes do plano serão seguidos, compreendidos e comunicados.

Simone Soares, engenheira química, nos ajuda a entender:

"Somos muitas vezes odiados por cobrarmos conteúdos e prazos, por exigirmos padronização e por apontarmos oportunidades de melhorias. Em

muitos momentos, bate aquele desânimo, e você pensa: vou desistir, não aguento mais! Nessa hora, a persistência, a disciplina e a paciência supremas devem estar presentes para você 'não deixar a peteca cair', acreditando que a recompensa virá. E os bons resultados sempre aparecem, devendo ser celebrados com o sabor de uma grande vitória. E que sabor bom isso tem!"

Quando o Ativista não tem essas características, terá muita dificuldade em garantir um caminho seguro para alcançar o destino estratégico.

Nos casos de insucesso, é comum não ter dado tempo e atenção suficientes ao planejamento, seja por falta de clareza sobre aonde se quer chegar, ou por falta de informações relevantes e/ou suficientes para a realização de um plano confiável e reconhecido por todos. Um planejamento duvidoso é suficiente para que as pessoas não coloquem esforço no acompanhamento da estratégia, por não terem comprado a ideia por trás das ações.

Outro ponto crítico é a falta de uma comunicação eficiente entre o Ativista e a liderança da empresa, seja pela falta de informações a tempo para dar suporte às discussões seja por dificuldade em transmiti-las. Como resultado, as pessoas terão dificuldade em tomar decisões eficazes, o que pode levar ao desgaste do processo e à queda de interesse gradativa pelo acompanhamento. Ana Carolina Chaer, do CNJ, relembra como a transparência na comunicação contribuiu para a sustentabilidade do processo: *"A fim de assentar a comunicação entre órgãos como meio contínuo de gestão estratégica, foi criado pelo DGE o Canal da Estratégia, idealizado como espaço de comunicação nacional sobre gestão estratégica e instrumento de mobilização de todos os alcançados pelo projeto de ação. Foi fundamental para a conexão entre a estratégia e sua execução o consenso de que, para conseguir que a estratégia fosse executada nas pontas, seria essencial, além do desdobramento da estratégia para os tribunais, a transparência na publicação do desempenho de todos os órgãos no esforço por atingir as metas nacionais. Essa divulgação gerou não só um benchmarking interno, mas também uma competição muito saudável em busca da melhoria do Judiciário, dando início à real execução da estratégia. Os indicadores nacionais de desempenho e as metas plurianuais em todos os tribunais garantirão que a execução da estratégia ocorra num processo contínuo e evolutivo."*

Embora seja detalhista e goste de tudo muito bem organizado, o navegador tem grande sensibilidade para prever situações inesperadas. Como deve cuidar também do piloto – sua concentração, ritmo, motivação, agressividade etc. –, é importante perceber o quanto as alterações nesses padrões de comportamento poderão afetar o resultado esperado. A capacidade de ler as condições climáticas sem previsão formal do tempo também poderá evitar muitos inconvenientes, exigindo:

- Observação.
- Conhecimento dos padrões gerais do ambiente.
- Apoio do pessoal local sobre o ambiente específico em que está inserido.
- Sensibilidade.

Sandra de Mattos, do Hospital Moinhos de Vento, resume em poucas palavras o que está envolvido em ser um Ativista da Estratégia com o perfil de navegador:

> *"Enfim, ser um Ativista da Estratégia é promover que, no dia a dia da organização, a estratégia esteja em foco, acompanhar as mudanças promovidas pela estratégia por meio das pessoas envolvidas, estar atento às novas expectativas dos clientes, buscando a cada aprendizado gerado uma oportunidade para transformar em ação a estratégia."*

Um bom exemplo de como o Ativista pode ajudar a dar ritmo na execução da estratégia por meio de seu perfil detalhista é ressaltado por Eduardo de Toledo:

> *"O tempo todo, procuro entender a situação em sua real dimensão. Perceber se estamos minimizando o tamanho de algum problema, se ele é mais complicado do que parece ou tem mais implicações. Ou se, ao contrário, a organização está 'surtando' com um problema, mas a sua real dimensão é menor do que aquela que está sendo colocada. Creio que uma das soluções é o exercício muito forte de entender a real dimensão do problema e de seu contexto.*

Quando passo por uma crise e vem uma pressão muito forte, tento entender a origem e a razão dessa pressão, o que está por trás de tudo isso e o que de fato existe. Tento explorar a situação para entender com mais profundidade quais são os aspectos reais que existem por conta disso. Preciso tomar cuidado para não entrar no mesmo comprimento de onda de quem entra na pressão, ou seja, às vezes o profissional entra 'surtado' e você 'surta' junto. Isso não leva a lugar algum. Por outro lado, algumas vezes é necessário questionar o processo. Quando as coisas estão muito bem e tranquilas, eu me questiono se existirá algum elemento que não estou vendo e que devia estar olhando. A questão do ritmo tem a ver com a modulação. Talvez seja uma incapacidade, naquele momento, de compreender o que está acontecendo."

O PLANEJAMENTO

Um dos primeiros passos para participar de uma prova de rally é o planejamento. Com um levantamento da rota feito pela organização – como tipo de terreno, curva, nível de dificuldade etc. –, piloto e navegador decidem juntos a estratégia a ser perseguida: tipo de pneu, calibragem, velocidade de cada trecho etc.

Nas organizações, infelizmente, não há um levantamento feito previamente. É papel do Ativista Navegador levantar histórico e tendências para que se tenha uma noção do "terreno" a ser percorrido. É na etapa de planejamento que levantamos nossos concorrentes, novos entrantes, mudanças econômicas e sociais, oportunidades e ameaças para nos ajudar a definir o nível de dificuldade a ser enfrentada e nos preparar para um futuro não completamente conhecido.

Assim como o Ativista, o navegador tem apenas indícios sem conhecer todas as variáveis e tem de partir de algumas premissas para definir sua estratégia. Sem conhecer a fundo o caminho a ser seguido, baseia-se em indicações passadas pela organização do rally para tomar decisões que podem ou não ser acertadas.

"No rally Rota Sul, havia um trecho que sabíamos ser 70% terra/lama e 30% areia. Todos os participantes optaram por partir com o pneu para

terra/lama. Como se perde tempo para trocar pneu, apostando que a areia era fofa, optei por um pneu de areia. Na parte de terra todos me passaram e eu fiquei bem atrás. No entanto, quando chegou lá na areia, todos, sem exceção, atolaram e nós ultrapassamos as equipes com muita vantagem. Se a areia fosse dura, o resultado seria totalmente diferente..."
(Flavio Frydman, navegador de rally)

Problemas sempre aparecem. Estabelecer um bom plano significa esforçar-se para prever todas as possibilidades de desafios que possam aparecer no caminho. Porém, os imprevistos estão sempre à espera para surgir nos momentos mais difíceis. O navegador deve estar preparado para enfrentar esses problemas não previstos no plano. Reconhecer que eles aparecerão é o primeiro passo. Isso permite uma preparação psicológica que facilitará manter a calma e a rapidez na tomada de decisão para contornar os problemas. É recomendável, também, deixar uma margem no plano para trabalhar os possíveis imprevistos.

Com esse olhar externo é que a equipe pode definir a estratégia a ser perseguida: público-alvo, proposta de valor, produtos e negócios, precificação, estrutura organizacional, investimentos etc. Para nós, completar o rally no melhor tempo equivale ao alcance das metas corporativas.

"O trabalho do navegador começa bem antes de entrar no carro. Assistindo ao briefing (reunião antes da prova com a organização), atento às possíveis alterações e observações repassadas, seguida de uma revisão detalhada da planilha, fazendo as devidas marcações, destacando os locais perigosos e outras anotações particulares."
(inema.com.br – Matéria sobre o Rally Rota Sul)

"O navegador também elabora o planejamento do roteiro, tal como quilometragem a percorrer em asfalto e terra, a velocidade média a cumprir nos deslocamentos, a definição, junto com o piloto e a equipe, dos locais de abastecimento e onde ficarão as equipes de apoio", lembra Luis Haas, chefe da equipe campeã brasileira de Rally Cross Country na categoria Super Production Diesel.

A definição do roteiro: por onde ir, com qual velocidade, quando parar a fim de reavaliar etc., tudo é registrado no nosso mapa estratégico e indicadores.

Mas não basta ter a visão para aonde ir. Se não forem consideradas condições de segurança, eficiência e regulação, a jornada pode tornar-se inviável no momento da execução. Então, como garantir que o plano será exequível? Bem, "experiência" é a palavra-chave. O navegador irá redesenhar o plano, quantas vezes forem necessárias, até que esteja seguro, eficiente e de acordo com os padrões de regulação e leis correspondentes. O que será executado é uma jornada, e não uma aventura com riscos não calculados. A experiência é particularmente importante no momento de decidir se é hora de replanejar ou insistir no plano atual.

Pelos mesmos motivos, o processo de definição da estratégia deve ser participativo. A ideia é que haja benefício na utilização da experiência dos diversos líderes e que o debate e a junção das diversas visões sirvam para auxiliar no aprimoramento do plano antes de partir para a execução. O trabalho conjunto no planejamento faz com que todos interiorizem o plano e se considerem responsáveis por conseguir colocá-lo em prática.

Como destaca Klever, *"muito planejamento e preparação, e apenas uma chance de execução. O papel do planejamento é minimizar os riscos. Alguém na equipe precisa ter o papel de cobrar resultados (ninguém gosta de fazer esse papel). Para cobrar resultados, é preciso planejar. As pessoas precisam ter responsabilidade. Temos de entender onde estamos e aonde temos que chegar"*.

No entanto, chega um momento em que é preciso partir, sob pena de permanecer eternamente planejando, pois, além disso, o Ativista Navegador deve conseguir fazer a estratégia acontecer.

OS INSTRUMENTOS GUIAM O CAMINHO

Uma boa navegação não é possível sem instrumentos de leitura. Estamos no caminho correto? Estamos alcançando o destino estabelecido? Quando o alcançaremos? Em que condições alcançaremos? Sem instrumentos confiáveis, uma jornada às cegas pode levar a um resultado muito distante do planejado. A navegação será mais fácil e segura quando as leituras ocorrerem de forma confiável e na hora oportuna. No rally, os instrumentos mais básicos são velocímetro, odômetro e cronômetro. Com eles, o navegador poderá calcular quanto já foi percorrido dentro do plano, por quanto tempo e que condições de velocidade e percurso são necessárias estabelecer para finalizar a prova.

É atribuição do navegador manter os instrumentos em perfeito estado de funcionamento e consultá-los com frequência para verificar se os resultados alcançados condizem com o planejado na planilha. Da mesma forma, nosso Ativista Navegador tem sempre em mãos o mapa estratégico com seus indicadores e metas. É a eles que recorre frequentemente para verificar se a estratégia está sendo alcançada e para garantir que os obstáculos não desviem a organização do caminho desejado. Se os indicadores apontarem para um desvio, é hora de identificar as causas e promover na organização as discussões necessárias para definir a correção de rumo.

Como cada um tem um papel, é intrínseca à atividade do Ativista Navegador a análise contínua da performance estratégica por meio da consulta e análise frequente dos indicadores. Ele deve puxar, junto ao piloto-liderança, a discussão dos aspectos críticos de desempenho e as melhores ações para correção de rumo, assegurando que os dados referentes ao desempenho da estratégia continuamente sejam disponibilizados nos sistemas da organização.

Além do monitoramento, cabe ao Ativista garantir que os planos de ação sejam executados.

GESTÃO, EXECUÇÃO E MONITORAMENTO

Um dos papéis do Ativista é assegurar a continuidade do processo de gestão da estratégia. Assegurar a gestão, a execução e o monitoramento da estratégia é a chave para que resultados significativos sejam alcançados e sustentados.

Dessa forma, o Ativista em geral apoia a estruturação do Relatório de Desempenho da Estratégia, assim como a estruturação das Reuniões de Avaliação da Estratégia. Essas reuniões, por sua vez, têm o propósito de permitir tanto o monitoramento do desempenho das iniciativas e dos indicadores quanto a análise contínua da validade das hipóteses estratégicas expressas a partir do mapa estratégico.

Esse papel pode ser comparado com a atuação do navegador: dentro do carro, o navegador passa as informações ao piloto, antecipando o que vai acontecer à frente, auxilia na leitura de equipamentos, anota os problemas ocorridos para que possam ser corrigidos logo que possível e, ainda, motiva o piloto a manter um bom ritmo. Pedro Faria, da Tarpon, comenta sobre seu papel como ritmista da estratégia: *"Busco impulsionar os processos através dos sucessos iniciais que eles estão tendo. Por exemplo, quando queremos aumentar vendas num canal específico, costumo comemorar a primeira venda, para que todos tenham a sensação de que estamos no caminho certo."*

O navegador faz as anotações na planilha de levantamento, que tem a função de alertar para o nível de dificuldade da curva, indicar os potenciais obstáculos, a distância entre curvas e propor as ações a serem tomadas.

Durante o percurso, o navegador "canta" as notas para o piloto. O navegador é a razão e o piloto, a ação. Nas organizações, o Ativista entra com as informações, e o piloto, ou a equipe de liderança, com a decisão que acarretará em ajustes nas ações, ou iniciativas estratégicas.

Quando o tempo entre dois acontecimentos (por exemplo, duas curvas) é longo, cabe ao navegador relembrar ao piloto, repetindo as anotações, pois quem tem uma posição mais operacional às vezes esquece os objetivos de "longo prazo". Essa é uma experiência que muitos Ativistas conhecem muito bem em suas empresas.

É também o navegador quem dá o ritmo da viagem, incentivando ou travando os ímpetos do piloto para garantir consistência e, ao mesmo tempo, evitar excessos que, muitas vezes, terminam em acidentes. Segundo o navegador Flávio Frydman, *"quem não pensa bate ou quebra logo. Quem ganha são as pessoas mais calmas e tranquilas, que planejam"*.

O papel do navegador não acaba no carro. Existe um trabalho de bastidor importantíssimo a ser feito antes e depois de cada trecho, de modo a melhorar constantemente a "operação".

"No final do dia, piloto e navegador fazem uma análise do desempenho (pontos bons e ruins) para melhorar para o dia seguinte e eliminar os erros."
(Flavio Frydman, navegador de rally)

Analogamente, assegurar um bom ponto de partida para o processo de gestão da estratégia é papel do Ativista. Planejamento e gestão da estratégia se fundem em um processo integrado e contínuo. A efetiva gestão da estratégia depende de papéis e responsabilidades muito bem definidos e cabe ao Ativista criar senso de urgência para que a definição de responsabilidades ocorra. Ao longo dos meses, ele realizará interface contínua com os responsáveis pela alimentação do desempenho dos indicadores e projetos para garantir que os elementos para o monitoramento da estratégia sejam disponibilizados.

É ainda papel do Ativista assegurar insumos para as análises do desempenho da estratégia, realizando interface com os responsáveis pelos temas e objetivos estratégicos, em geral representados pelos líderes da organização.

Os comentários de Simone Soares, engenheira química, nos ajudam a entender melhor essa situação enfrentada pelo Ativista da Estratégia:

"A cada reunião, novas demandas, novas correções de rumo, além de muita criatividade para manter o interesse de todos nas reuniões e não torná-las um evento de cumprimento de tabela. Esse a meu ver é o mais difícil dos desafios. Fazer os envolvidos entenderem que o registro dos indicadores e eventuais planos para a correção de desvios não são uma simples burocracia, e sim a garantia do alcance das metas traçadas, é uma tarefa árdua."

Não bastam os cálculos iniciais; assim como o planejamento estratégico, as notas devem ser ajustadas durante o percurso, pois, quando o veículo derrapa ou freia, é necessário que os cálculos sejam refeitos e as notas alteradas de acordo com as novas condições. Como nem tudo sai como o planejado, o navegador tem de prestar atenção à estrada durante todo o trajeto para garantir o alinhamento das anotações à realidade.

Numa prova, a capacidade de enfrentar os problemas imprevistos pode ser o grande determinante da vitória. Quando falamos de competidores com nível de qualidade profissional, podemos esperar que muitos navegadores estabelecerão planos parecidos. No entanto, alguns reagirão melhor que outros às surpresas do percurso. Uma característica para um bom navegador é conseguir aproveitar as intempéries a seu favor e tirar vantagem da situação ou minimizar o impacto no plano, o que pode marcar a diferença entre a vitória e a derrota.

Da mesma forma, o Ativista também tem o papel de estimular o aprendizado da estratégia. Ou seja, utilizar dados e fatos disponíveis a partir da performance dos indicadores, do desempenho dos projetos e das informações do ambiente externo (mercado, concorrência, economia, legislação, política etc.) para conduzir reflexões estruturadas de como o ambiente poderá impactar na hipótese estratégica inicialmente definida. Dessa forma, a liderança da organização poderá, proativamente, disparar um processo de aprofundamento da estratégia e, se necessário, até mesmo revisá-la.

Quando se está pilotando no limite da velocidade, usando o plano como base para manobras, qualquer erro pode ser desastroso: um erro de leitura de instrumentos, leitura das anotações, registros anotados ou avaliações incorretas. Erros nas informações de topografia, estratégia ou segurança podem ser suficientes para uma saída da estrada, por mais sutil que possa parecer.

Num paralelo com o mundo das organizações, na velocidade em que os negócios acontecem, um pequeno erro na execução do plano estratégico pode colocar tudo a perder.

"Não tenha a menor dúvida de que os erros acontecem. Não só com a gente, mas com todo mundo. Como você encara esse erro é que vai diferenciá-lo dos outros competidores e também ter influência em seu resultado final. Sempre que acontece um imprevisto ou um erro por quem quer que seja, procuramos tentar dar forças uns para os outros, em vez de crucificar quem errou. Não é fácil, mas essa é a melhor maneira de conseguir se concentrar de volta na prova e evitar outros erros", comenta Marcelo Vívolo, navegador de rally.

O piloto, ou se quisermos ser mais precisos no mundo empresarial, o CEO, não tem como acompanhar tudo que ocorre no cenário – ambientes que mudam rapidamente, globalização, necessidade de inovar, regulamentações etc. O navegador é o seu braço direito que o ajuda a manter o controle e evitar que as circunstâncias se tornem caóticas.

Gostaríamos de agradecer especialmente ao piloto Klever Kolberg e ao navegador Flávio Frydman, por, gentilmente, cederem seu tempo para as entrevistas utilizadas neste capítulo.

CAVANI ROSAS

CAPÍTULO 6

O Terapeuta

MARIA AUXILIADORA MORAES AMIDEN E
JAYME ALEXANDRE LIMA

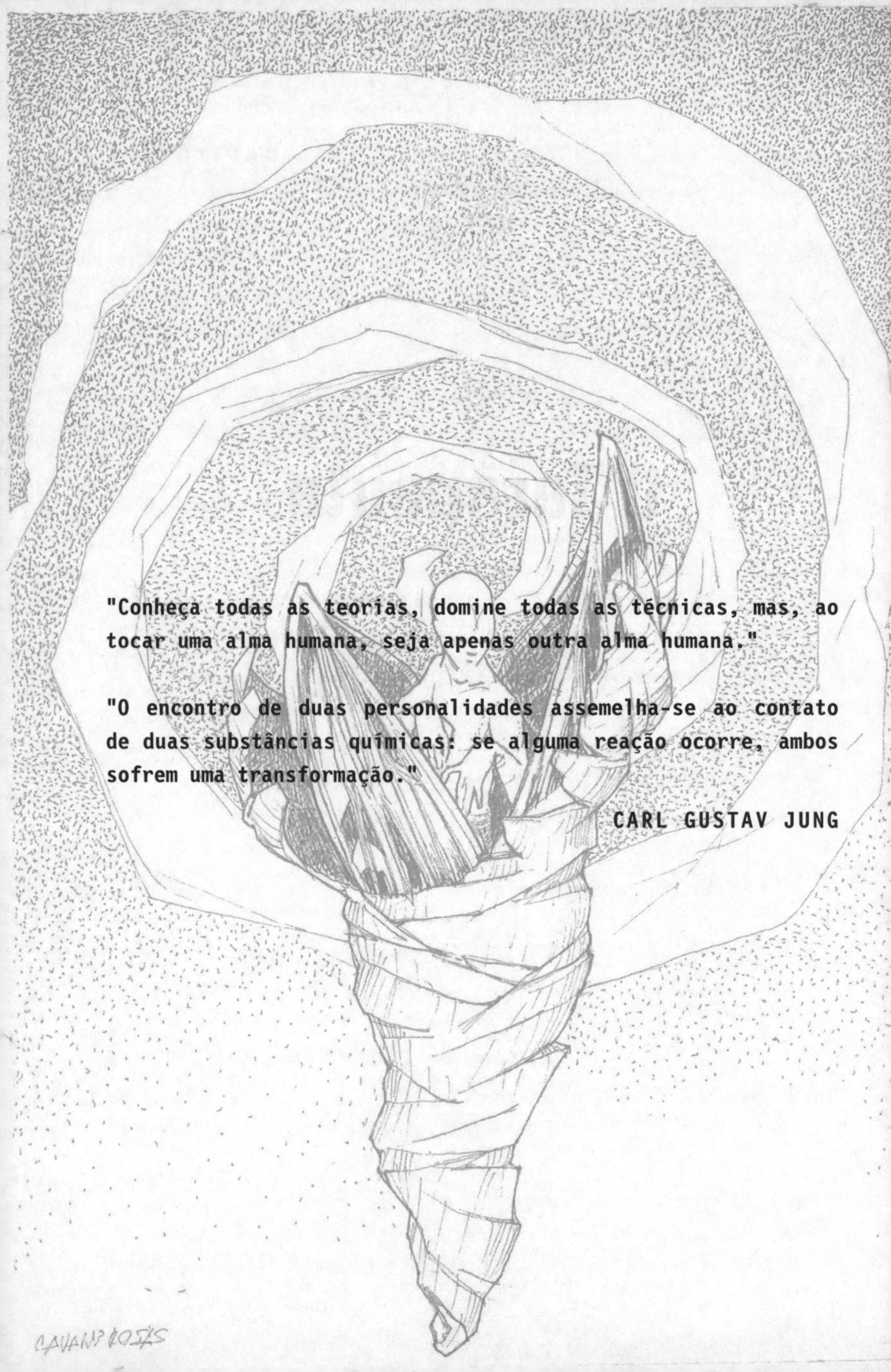

"Conheça todas as teorias, domine todas as técnicas, mas, ao tocar uma alma humana, seja apenas outra alma humana."

"O encontro de duas personalidades assemelha-se ao contato de duas substâncias químicas: se alguma reação ocorre, ambos sofrem uma transformação."

CARL GUSTAV JUNG

Dentre as muitas atribuições desempenhadas pelo terapeuta, uma das principais é fazer o paciente alterar o ângulo de visão com que "enxerga" a própria história. Ou seja, o terapeuta é o condutor de um processo seguro e estruturado que promove um novo olhar do paciente sobre os eventos ocorridos em sua vida, o que possibilita uma análise imparcial dos comportamentos que levaram à erupção daqueles eventos e das razões que fizeram o paciente interpretá-los de maneira específica.

O comportamento passado se manifesta no presente e determina o futuro da vida de cada indivíduo como um padrão que, se não questionado e revisto, será repetido inúmeras vezes, levando a erros e acertos, sem, contudo, promover o aprendizado necessário para a evolução do ser.

Esse questionamento, bem conduzido *por* e compartilhado *com* um terapeuta, poderá abrir novas janelas na vida do paciente, que, liberto de suas amarras históricas, terá condições de traçar novos caminhos em sua vida. Ao se conhecer mais profundamente, o indivíduo tem condições de fazer melhores escolhas, controlar suas emoções e reagir de forma mais madura e consciente diante dos desafios que a vida vai colocando em seu caminho. Estará apto, portanto, a redefinir seus padrões de comportamento, aproximando-se, cada vez mais, do tão sonhado desejo humano de ser feliz.

No entanto, antes de se lançar nesta jornada, é necessário que o paciente encontre uma razão, um motivo que faça o esforço valer a pena. Caso contrário, será um exercício infrutífero e sem a legitimidade necessária para gerar resultados e mudanças reais.

O ATIVISTA DA ESTRATÉGIA COMO TERAPEUTA

O movimento de implementação da estratégia dentro da organização pode acontecer apenas pela ação das pessoas e está diretamente relacionado a um processo de mudança. Afinal, ele traz novas responsabilidades, interações, novos fóruns e modelos de decisão. Além disso, a estratégia está, por natureza, relacionada ao alcance de objetivos desafiadores, por isso comumente implica alterações nas diretrizes, nos processos e na própria estrutura de poder, além de frequentemente demandar novas tecnologias e competências dos colaboradores.

No entanto, pessoas resistem a mudanças. Faz parte de nossa natureza a tentativa de preservar dada situação. E é exatamente por esse motivo que tanto empresas públicas quanto privadas registram taxas tão baixas de efetividade na implementação de suas estratégias. Um estudo publicado pela *Harvard Business Review* em 2005 mostra que 70% dos esforços de transformação organizacional falham. A principal razão é que a implementação de um processo de gestão da estratégia ativa alguns dos principais geradores de negação e resistência nas pessoas. São eles:

Incerteza: Mudança significa incerteza, e isso não é algo com que a maioria das pessoas lida facilmente. Ao não ter confiança quanto aos resultados que serão obtidos, quanto às dificuldades que serão enfrentadas, quanto ao seu futuro e de seus colegas na empresa, os envolvidos tendem a buscar zonas de conforto e não apoiam as propostas de mudança, pois não sabem ao certo o que irá acontecer sob todos esses aspectos. Tomemos como exemplo uma empresa de automação industrial que sempre utilizou sua área de engenharia de campo como alavanca para venda de hardwares, softwares e projetos, ou seja, onde os vendedores ofereciam gratuitamente horas de engenharia caso os clientes adquirissem determinado pacote de produtos e outros serviços. De acordo com uma diretriz da matriz, a área de engenharia de campo deveria passar a ser lucrativa, ou seja, os serviços deveriam ser vendidos a um preço suficiente para pagar os custos e gerar a margem requerida. Com essa nova estratégia, é bem provável que algumas questões passariam pela cabeça tanto dos vendedores quanto dos próprios engenheiros de campo, tais como "será que o cliente irá aceitar pagar por isto?", "como vamos vender nossos produtos agora?", "haverá demissões?", "nossos benefícios serão cortados para alcançarmos as metas de lucratividade?" etc. A tendência seria que as pessoas procurassem manter o *status quo*, pois já sabiam como lidar com aquela realidade anterior.

Invasão de território: Iniciativas de mudança podem ameaçar pessoas que estão acostumadas a fazer as coisas a seu próprio modo. Segundo Jack Welch, *"todos adoram rotinas e padrões. O fenômeno é tão arraigado que parece fazer parte da natureza humana"*. Normalmente as pessoas não gostam que lhe digam como fazer seu trabalho, ainda mais se já o fazem há muitos anos e vêm obtendo bons resultados dessa forma. Suponhamos uma empresa estruturada em três unidades de negócio (UNs), em que o orçamento sempre tenha sido distribuído igualmente entre as três e cujos respectivos gestores sempre tiveram total autonomia sobre esses recursos financeiros. A partir da adoção de uma estratégia corporativa, definiu-se que não haveria mais uma distribuição linear dos recursos financeiros entre as UNs. Em seu lugar, seriam definidas as prioridades estratégicas observando o conjunto de negócios, e estas seriam financiadas pelo orçamento de acordo com o ranking de priorização e com a quantidade de recursos disponíveis. Dessa forma, seria possível que uma das unidades consumisse três quintos de todo o orçamento do ano, enquanto as outras duas, apenas um quinto cada. É bastante provável que algumas pessoas se posicionassem contrariamente à mudança. Neste exemplo, as regras de poder estabelecidas tacitamente estão sendo ameaçadas. Os gestores não decidiriam mais sozinhos onde aplicar os recursos financeiros da companhia. Mudanças desse tipo, se não conduzidas adequadamente, geram resistência.

Novas responsabilidades: Como Todd D'Attoma (ex-executivo da Exxon Mobil) escreveu, na edição de setembro de 2000, do *Balanced Scorecard Report* *"metas e objetivos claramente definidos significam responsabilidades claramente definidas. Novas responsabilidades são ameaçadoras"*. Por exemplo, ao se desenhar e executar uma nova estratégia utilizando a metodologia do Balanced Scorecard, pressupõe-se o estabelecimento de responsáveis pelos objetivos estratégicos, indicadores e iniciativas. Como a estratégia é algo geralmente "interfuncional", ou seja, que perpassa as áreas e estruturas organizacionais, é comum as pessoas não aceitarem espontaneamente essas responsabilidades, alegando, entre outras coisas, que "os resultados esperados não dependem delas".

Mudanças técnicas: Introdução de novas ferramentas, sistemas, metodologias e processos podem gerar insegurança e, consequentemente, resistência. Um exemplo clássico de como mudanças técnicas podem impactar as pessoas de uma organização é a implantação de um novo ERP (software de gestão empresarial). Na maioria dos casos, projetos dessa natureza são longos, complexos e cheios de percalços no caminho. As pessoas envolvidas comumente se sentem desgastadas e, mesmo após a operacionalização do sistema, levam algum tempo para utilizar a nova ferramenta de modo eficaz. Afirmam que o programa anterior era muito melhor, mais amigável, mais simples, mais flexível etc.

Mudanças sociais: São ainda mais determinantes para a presença ou não de resistências do que as mudanças técnicas. Trata-se de alterar, ou mesmo de ameaçar alterar, a forma como as pessoas se relacionam, ou seja, interferir na rede de relacionamentos estabelecidos.

Suponhamos uma empresa de médio porte prestadora de serviços em que a maioria das decisões sempre foi tomada de forma colegiada entre os diretores e que pessoas de diferentes áreas e níveis hierárquicos tinham espaço para expressar seus pontos de vista quanto a assuntos corporativos de forma transparente. Os funcionários estavam acostumados a contribuir com a gestão da companhia e se sentiam motivados com isso. A partir da venda dessa organização a uma multinacional, todas as grandes decisões passaram a ser tomadas pela matriz, o que dava pouco espaço até mesmo para o time executivo expressar suas opiniões. Em casos como este, há uma enorme chance de as pessoas resistirem à nova forma de gestão, aos novos padrões de discussão e à nova estrutura de poder. Caso não gerenciada de forma efetiva, essa transição poderia resultar em elevado nível de desligamentos, baixa produtividade, queda de motivação e de satisfação dos empregados e, consequentemente, de clima organizacional. Dessa forma, seria difícil entregar serviços com a mesma qualidade anterior que garantisse a satisfação dos clientes e a sustentabilidade da empresa.

Mudanças sociais também podem ter origem em mudanças técnicas. Tomemos como exemplo um time de gestores industriais que por anos foi reconhecido por todos na organização como *experts* no processo produtivo de fitas de videocassete. Suas habilidades contribuíram significativamente para que a empresa alcançasse o status de líder de mercado. Porém, com o advento e a disseminação de outras mídias, tais como o DVD, a empresa se viu obrigada a descontinuar a produção de fitas de videocassete e investir fortemente na fabricação de DVDs para tentar manter seus antigos clientes, que passaram a demandar essa nova tecnologia. As mudanças técnicas deste exemplo estariam relacionadas às máquinas, ao novo processo de fabricação etc. Já as principais mudanças sociais dizem respeito à forma como o time de especialistas passaria a ser visto e tratado pela companhia. Eles não mais eram os detentores das capacidades essenciais para o sucesso da organização, e especialmente por esta razão, tenderiam a se posicionar contrariamente à nova estratégia. Mais uma vez, para não perder esse grupo e, consequentemente, sua ampla experiência no setor, e não tê-los como inimigos do novo direcionamento estratégico, seria preciso gerenciar essa transição com cuidados especiais.

Por todos esses motivos, em um processo de planejamento e gestão da estratégia – que tem por objetivo final garantir a evolução saudável das organizações, enquanto processos, estrutura, pessoas e cultura, além de conduzir a empresa para um patamar de desempenho superior –, o Ativista da Estratégia exerce claramente o papel de "terapeuta" ao ser o promotor do aprendizado constante da organização a respeito de si mesma. É o agente que identifica motivos que justifiquem ou que até mesmo tornem imprescindível o esforço dedicado à mudança estratégica, e que os propaga de forma clara para gerar energia, mobilização e comprometimento necessários para sua execução. Ele cria uma agenda de mudança, ou seja, define o que precisa ser alterado no *modus operandi* da organização para que esta tenha êxito na execução de sua estratégia. Com isso, ele começa a formar a base necessária para o gerenciamento dessa evolução. É também aquele que atua nos "bastidores", reunindo as principais informações sobre os ambientes interno e externo à empresa, organiza essas informações, gerando o conhecimento necessário por meio de uma análise crítica e apurada que pavimentará um caminho mais seguro para que os líderes possam decidir de forma mais assertiva sobre o futuro. É importante lembrar que a liderança é o principal motor de todo e qualquer processo de transformação, pois é responsável por clarificar e confirmar as diretrizes além de prover a energia necessária para movimentar a organização nesse sentido. Assim, cabe ao Ativista Terapeuta promover a sensibilização e a mobilização da liderança de forma contínua, visando a manutenção e o fortalecimento de seu comprometimento com todo o processo.

Eduardo de Toledo faz o seguinte relato sobre sua experiência no processo de implementação da estratégia: *"A primeira grande experiência que vivi foi em uma empresa em que só foi possível desenhar um BSC cinco anos após o meu ingresso, porque, até então, não havia apoio da diretoria para a transformação e a mudança dos processos da empresa. Na época, havia a necessidade de um gerenciamento mais claro, já existia uma visão do que era necessário, as ferramentas de que a empresa estava precisando e as soluções que deviam ser implementadas, mas não era possível executá-las. Nessa fase, trabalhei muito meu grupo gerencial no ponto de vista de lidar com a frustração e a impossibilidade de execução. Comunicava para as pessoas que precisávamos nos preparar para executar os projetos no futuro, estarmos prontos para quando surgisse a oportunidade."*

Como todo processo envolve pessoas, o Ativista Terapeuta precisa estar, a todo tempo, atento às motivações e aos comportamentos dos envolvidos no processo de gestão da estratégia na organização, para que estejam sempre engajados e estimulados a participarem ativamente de sua implementação e multiplicarem as mensagens da estratégia por toda a organização. A postura das pessoas frente à mudança é algo extremamente dinâmico, que navega desde a negação e a resistência (passiva ou ativa), até o interesse e o compromisso com a transformação. Por conta disso, não basta tirar uma "fotografia" do comportamento das equipes em determinado momento e atuar com base nesse quadro. É preciso manter as antenas ligadas e ajustar a atuação como terapeuta, de acordo com as idas e vindas comportamentais das equipes, especialmente a de líderes e a da média gerência.

Conforme afirma o psicólogo e psicoterapeuta Walfredo Knipp, *"é necessário estar atento para lidar com a resistência e usá-la a favor do processo. Ao aceitar e acolher as dificuldades e os medos da pessoa, o terapeuta adquire confiança e se torna alguém que poderá ajudá-la a enfrentar e a sustentar seus projetos. Por meio do processo terapêutico, é possível entender que a resistência reflete a necessidade de elaborar novas estratégias de proteção que alimentem a sustentação da transformação do novo jeito de ser desejado. Essas mudanças de paradigma são necessárias para substituir formas antigas e sem valor para o momento atual por novas formas de ser. Nesse caso, o terapeuta é considerado alguém que oferece informações importantes que auxiliam no fortalecimento da estrutura interna da pessoa em processo terapêutico, levando-a a superar dificuldades das quais sequer tinha consciência.*

A resistência precisa ser acolhida, acalmada e trabalhada por mãos jardineiras, determinadas e capazes de produzir no outro a certeza de que quer se abrir para um novo jeito de ser".

Como exemplo dessa função de terapeuta do Ativista, Christopher Davies Junior, da Volkswagen do Brasil, relata: *"Quando se fala de novo modelo, mudança, estratégia, é comum gerar expectativa, insegurança e esperança nas pessoas. Muitas vezes, eu me vi como um muro de lamentações ouvindo desabafos daqueles que buscavam mudanças e respostas que dependiam deles mesmos; pude presenciar por diversas vezes a existência de 'muros' (invisíveis) entre as áreas que não permitiam o diálogo e o compartilhamento das metas. Um dos grandes papéis que tenho é o de ser construtor de pontes e demolidor desses muros."*

Assim, podemos considerar que, na condição de "terapeuta", esse profissional deve ter a capacidade de ouvir extremamente apurada e de fazer uma leitura imparcial do outro, do conhecimento de seu processo mental. Deve ser capaz de explicar de forma adaptada às características de cada indivíduo sobre como um processo de gestão mais participativo, estruturado e de aprendizado constante, conforme preconizado pela metodologia Balanced Scorecard, poderá aprimorar e facilitar suas tomadas de decisão. Por meio de exemplos concretos de pessoas que já estão engajadas com o processo de gestão e da promoção de uma análise mais depurada sobre as raízes que levam aos fracassos e conquistas da organização, o Ativista Terapeuta conduz os demais gestores a refletirem sobre suas atitudes, comportamentos e consequências.

Esse processo de mudança demanda outra habilidade fundamental: a da empatia. Ou seja, a capacidade de criar uma relação de confiança de tal forma que o outro não se sinta ameaçado e propicie as condições necessárias para a transformação.

"quando você abre questões, se expõe no grupo, obviamente se pressupõe uma relação de confiança, que só pode ser construída ao longo do tempo. No início, eu também não me abro muito. Você vai gradualmente conquistando este espaço de confiança mútua no corpo de gestão. As pessoas resistem muito a iniciar este tipo de processo... Talvez seja um problema de insegurança. Medo de que os outros façam mau uso daquilo que você está falando, medo de não conseguir lidar com o que emerge do outro".
(Eduardo de Toledo)

Em qualquer organização, esse é um processo complexo, pois envolve inúmeras pessoas, personalidades, comportamentos e até mesmo interesses, que se manifestam individual e coletivamente, seja no trabalho do dia a dia, nos momentos de decisão ou de conquistas e de crises, interagindo constantemente e consolidando a cultura e os valores que a fundamentam. Considerando-se que o processo evolutivo de planejamento e gestão da estratégia necessita obrigatoriamente de um ambiente aberto ao aprendizado e à mudança, em prol do bem comum, o Ativista Terapeuta tem de ser capaz de "descongelar" os padrões coletivos de comportamento – ditados pela cultura organizacional existente –, promovendo as mudanças necessárias para se alcançarem os desafios estratégicos e a visão de futuro.

Conforme Walfredo Knipp, *"outro aspecto importante é o discernimento para separar o que as pessoas são daquilo que fazem. Nem sempre aquilo que fazemos, a nossa obra, representa na íntegra o que somos. E é aí que o terapeuta deve atuar, de forma a orientar o grupo sobre os aspectos da 'obra' que precisam ser realinhados, e cuidar para que as pessoas não entendam essas orientações como críticas pessoais e se melindrem a ponto de perder a motivação e até mesmo trabalhar contra aquela direção. O terapeuta não deve ter apenas uma postura que sirva de referência positiva e incentive o grupo a fazer uma trans-forma-ação, mas ser atuante o suficiente para levá-lo a perceber que essa motivação vem do próprio grupo, e não de um líder. Além disso, o terapeuta deve ter clareza bastante para perceber onde reside o problema naquele momento ou situação e sugerir alternativas criativas que sejam eficazes para dissolver o problema ou aquela paralisia em que as pessoas se encontram, pois quem está do lado de fora percebe melhor o que está acontecendo. Enfim, o terapeuta deve ajudar a entender os fatores que provocam o surgimento dos problemas e orientar sobre como lidar com eles de forma positiva, sem julgamentos e sem sofrimento, para que, em pouco tempo, cada membro do grupo possa ter uma vida plena e feliz".*

O ATIVISTA TERAPEUTA EM AÇÃO

Vamos agora pensar no papel exercido pelo Ativista da Estratégia, sob sua face "terapeuta", analisando alguns exemplos de ação.

Imaginemos uma organização complexa, formada por uma holding que mantém vários negócios distintos e inúmeros colaboradores, necessitando, para a promoção de seu crescimento saudável, que estejam todos alinhados e focados na mesma direção estratégica. Estamos falando de distintos estilos pessoais de gestão, interesses e de modelos mentais, conectados por uma cultura estabelecida há anos, desde a fundação da empresa. Participando de um mercado cada vez mais competitivo e consolidado, a cultura conservadora que até então manteve e fez a empresa prosperar terá de ser mudada, a fim de viabilizar o alcance de novos patamares de desempenho, caso a organização pretenda se manter viva, crescendo no mercado de forma sustentável e independente. Para tanto, as pessoas, em seus comportamentos individuais e coletivos, deverão entender que precisam mudar. Porém, a mudança traz o novo, que, por ser imprevisível, gera naturalmente medos e comportamentos reacionários. Nesse cenário, o Ativista Terapeuta tem um importante papel de agente de mudança e terá de implementar ações que sejam capazes de promover a transformação dentro da organização. Dr. João Polanczyk, do Hospital Moinhos de Vento, compartilha aqui sua iniciativa na busca pela mobilização: "*Naquele momento, pude perceber que o hospital mantinha grandes conflitos internos. Meu principal desafio era mudar este quadro, utilizando meios para motivar e alinhar toda a equipe, desde os mantenedores, os dirigentes e todo o contingente operacional. A finalidade seria criar uma agenda comum, com estratégias bem claras e definidas. Realizei um trabalho intenso que incluiu a mobilização, o alinhamento e a recuperação da credibilidade de todos os públicos do hospital, mas, em especial, do seu corpo clínico."*

É importante ressaltar que não estamos falando de um herói, que parte em seu cavalo branco e entra sozinho na floresta escura para resgatar a princesa. Sempre que falamos do papel do Ativista, estamos pensando que, para exercer suas distintas faces, ele precisa ter aliados e uma equipe que o possibilite levar adiante as transformações que ele deve promover para garantir a implementação da estratégia.

Conforme relata Tarcísio Queiroz, da Cemig, ele desenvolveu um caminho prático para lidar com as diferenças que dificultavam o diálogo e a tomada de decisão: *"É necessário ter muita paciência para lidar com pessoas de diferentes perfis e interesses, mas a grande saída é conseguir criar os fóruns adequados, fazer com que as pessoas, independentemente da hierarquia, consigam sentar e discutir abertamente e negociar nestes ambientes. Com o decorrer do tempo, os ambientes apropriados são criados, o processo flui, os diversos interesses aparecem e o consenso é gerado, sempre que possível. À medida que os fóruns vão se consolidando, as pessoas enxergam que as soluções geram valor e que fazem diferença para se alcançarem os objetivos da empresa.*

Quando existe uma discussão sobre um projeto estratégico, o executivo que é capaz de decidir, ou influenciar de maneira significativa (alguém de RH, por exemplo) sobre aquele tema, fará parte do ambiente. Caso envolva o diretor, o presidente ou o superintendente, todos participarão, e cada um deles contribuirá para o processo, de acordo com sua competência ou autoridade.

Todas as opiniões são colocadas frente a frente, olho no olho e, nesse momento, entra toda a intuição, o conhecimento, a experiência de quem tem conseguido lidar e gerar soluções ao longo dos anos...

A experiência adquirida com estas práticas reforça minha convicção de que a disciplina, a administração da ansiedade que o processo gera, a preservação do espírito crítico apurado para garantir uma visão de longo prazo, as parcerias e a busca de um processo robusto e aplicado à realidade da empresa, com alinhamento e flexibilidade, são primordiais e fazem parte do aprendizado para se alcançarem os resultados desejados."

Esse cenário delicado de mudança irá requerer do Ativista Terapeuta alguns cuidados no desempenho de suas atividades. Ele deverá adequar a linguagem em cada interação com as equipes e utilizar fóruns, formatos e padrões conhecidos, na medida do possível.

> *"Os focos de resistência passaram a ser o grande público-alvo para validarmos o modelo como cultura organizacional. Se conseguíssemos fazer com que eles aceitassem a proposta, voaríamos em céu de brigadeiro. Iniciamos esse processo de 'namoro' visitando cada um deles (muitos eram gestores de unidades espalhadas pelo Brasil afora). Levávamos o mapa, os indicadores e os projetos e discutíamos com ele e a equipe a relevância da estratégia, sempre iniciando com a pergunta: você acha isso importante? Dependendo da resposta, poderíamos seguir o caminho X ou Y, isto é, teríamos de trabalhar para que ele percebesse, por si só, a importância ou poderíamos avançar e eventualmente estimulá-lo a falar de estratégia. Foi interessante verificar que essas pessoas tinham vários insights estratégicos importantes, porém não os organizavam. Depois de passarmos horas discutindo a estratégia do negócio, ou melhor, da unidade 'dele', mostrávamos o mapa e todas as outras ferramentas e mostrávamos, inclusive, que ele traduzia tudo aquilo que foi dito e que, além de tudo, ele poderia monitorar os resultados no negócio. Começamos, assim, a conquistar nosso espaço e os grandes adeptos."*
> (Rodrigo Cammarosano, gerente de novos negócios de uma empresa multinacional)

Nesse contexto, as pessoas precisam ser ouvidas. Precisam de um canal para expressar o quanto se sentem desconfortáveis com as alterações no *status quo* que estão sendo propostas, sem se preocuparem com o resultado dessa exposição em público. É preciso garantir também um processo de diálogo que viabilize a negociação de atividades, papéis e responsabilidades e a absorção de novas ideias que possam vir a contribuir com a execução da estratégia. As pessoas e suas preocupações, por mais infundadas que possam parecer, devem ser tratadas com respeito e seriedade. As soluções dadas devem ser compartilhadas e comunicadas a tempo de tranquilizar quem está inseguro com o processo.

"Uma das reflexões dessa experiência é que é muito importante ouvir as pessoas, envolvê-las na construção dos processos/procedimentos e sempre entender que quem faz o trabalho pode contribuir mais do que ninguém para melhorá-lo. Nesse aspecto, minha formação em psicologia contribuiu para pensar as mudanças numa visão holística e entender as razões e os motivos que levam as pessoas a reagir de diferentes formas num ambiente de trabalho."
(Jovaneide Polon, coordenadora de vários ciclos de planejamento estratégico em empresa de grande porte do segmento de mineração)

Como estamos falando de um ambiente e de comportamentos que precisam mudar, antes da realização de cada reunião de trabalho, por exemplo, será necessário que o Ativista Terapeuta prepare muito bem as pessoas que irão participar, deixar bem claros o propósito da reunião e os resultados aos quais se espera chegar.

"Que luta ingrata é estabelecer um padrão de reunião adequado a todos os níveis hierárquicos e públicos, sem tirar a essência de cada gestor e, ao mesmo tempo, garantindo alinhamento à estratégia. É nessa hora que o bloco da resistência à mudança invade a avenida, boicotando de todas as formas nossas tentativas de estruturar as reuniões de desempenho. Mas como nosso lema é não desistir nunca, focamos nas áreas mais receptivas, dando todo o apoio para fazer das reuniões de desempenho um grande sucesso. Em poucos meses, as reuniões emplacam, começam a contagiar positivamente todos os participantes, e as áreas inicialmente arredias e avessas à ideia de padronizar as reuniões de desempenho não têm alternativa a não ser o engajamento. Esta é uma parada para artista, ou melhor, para Ativista!"
(Simone Soares, engenheira master da Diretoria de Pelotização da Vale)

Para que, de fato, as pessoas e organizações evoluam, é fundamental o autoconhecimento sincero e genuíno. Reagir somente para manter uma aparência não resolve o problema de ninguém, seja na sala do terapeuta, na intimidade da consulta, seja em toda a organização. Paula Campoy, executiva de uma empresa da indústria farmacêutica, relata: "*Iniciamos um trabalho de redefinição de visão, missão e valores. Este trabalho foi um grande marco, pois sabíamos que este era o início de uma grande jornada. Vários colaboradores participaram deste movimento, o que foi fundamental para o sucesso desta etapa da mudança. Esta iniciativa era uma jornada conduzida pelo CEO Brasil, o que, com certeza, foi um ponto-chave para o sucesso e o envolvimento de todos. Mesmo sendo uma iniciativa liderada pelo CEO, muitos participantes atuavam como sabotadores [direta ou indiretamente]. Alguns tinham uma técnica muito avançada de dizer "não" usando a palavra "sim". Outros ficavam neutralizados pelo clima de mudança [medo do desconhecido]. Muitos outros concordavam com as definições apenas porque o CEO as tomava, mas, durante os 'coffee breaks', iniciavam reuniões paralelas divergentes e contraditórias. Muitas vezes eu me pegava pensando: "Como essas pessoas podem ser os líderes desta organização?; Por que não expressam o que realmente pensam?; Como iríamos conseguir implementar as definições que estavam sendo tomadas se apenas um quarto dos participantes 'parecia' estar comprometido? Para obter estas respostas, eu contava apenas com o tempo. E foi o tempo que me mostrou o quanto seria duro implementar a estratégia definida. Infelizmente, não existe um curso acadêmico que nos ensine a superar estes tipos de desafios. Muitas vezes a tolerância, a paciência e a própria 'falsidade' eram a melhor técnica a ser adotada. E assim, com um dia após o outro, uma reunião atrás da outra e muitos cafés, conseguimos finalmente evoluir.*"

Na preparação das apresentações que serão feitas para os gestores, a respeito de como deverá se dar o processo de gestão da estratégia, quais as mudanças deverão ser implementadas no dia a dia das atividades, correções de rumos, ajustes de processos, é importante que o Ativista Terapeuta esteja atento ao teor das palavras e à sequência das informações. É importante que todas as informações sejam passadas de forma clara, lógica e fundamentada, sempre explicitando o "porquê" dessas mudanças. Para que um ambiente de confiança seja estabelecido, é importante que haja a percepção real por parte de todos de que as intenções do Ativista são verdadeiras e pautadas na busca pelo bem de todos e da organização. E percepção é obtida a partir da constância de comportamento e da clareza de propósito. E se constrói a partir das ações do dia a dia, em todas as interações, físicas ou virtuais, e na certeza de que todas as informações que circulam e são passadas terão o único objetivo de servir como alicerce para o desenvolvimento de uma cultura organizacional que promova a boa execução da estratégia definida. Como o propósito maior é que o processo de transformação e o alinhamento da organização aconteçam, para que a estratégia e a visão de futuro sejam alcançadas, o Ativista Terapeuta deve ter sempre em mente que está tratando com pessoas. Assim, antes de cada interação, deve mapear e entender quem são os "aliados" do processo, que poderão reforçar as mensagens importantes para a mudança organizacional. Juntamente com eles, a mensagem do Ativista ganhará força e os resistentes ou contrários ao processo contarão com argumentos e formas de reflexão mais robustos para dirimir suas dúvidas e inseguranças.

É importante que, ao final de cada interação, sejam levantadas as dúvidas, aberto o espaço para feedbacks e que, caso não se tenha a resposta no momento, todos os envolvidos sejam informados tão logo a solução seja proposta.

O Ativista Terapeuta deve saber que não terá as respostas e soluções para tudo, o tempo todo. Que precisará buscar reforços em metodologias, conhecimentos e pessoas para que a sua missão seja levada adiante e tenha sucesso. Assim, quando perceber a necessidade de acionar outras pessoas, por exemplo, o patrocinador maior do processo, para resolver algum ponto crítico ou para a tomada de decisão, deve fazê-lo, com humildade sábia. Ou seja, consciente da necessidade de ajuda, porém com sensibilidade para saber quando e como fazer.

O Ativista Terapeuta não tem medo de elogiar. Sabe quando valorizar as boas ideias, como usá-las a favor do processo e quem parabenizar pelo sucesso obtido. Tem consciência de que as conquistas são fruto do trabalho conjunto, de várias pessoas, e sabe dar valor às equipes.

Ademais, por saber que a iniciativa de implementação de um processo de gestão da estratégia não é isolada dentro da organização, promove o alinhamento com os demais projetos em andamento, tentando mostrar que tudo o que ocorre dentro dos muros da empresa deve estar orientado e focado em uma mesma direção, ou seja, no alcance da estratégia e da visão de futuro escolhida e consensada por todos.

Em resumo, podemos dizer que o Ativista Terapeuta é um profissional que conhece e se preocupa com o real entendimento de seus interlocutores, sempre voltado para a necessidade de transformação que visa o alcance dos resultados esperados.

E, como diz Tarcísio Queiroz: "*É preciso ter fé, persistência e acreditar que realmente todo o processo vai funcionar, porque, na verdade, este é um trabalho que requer paciência.*"

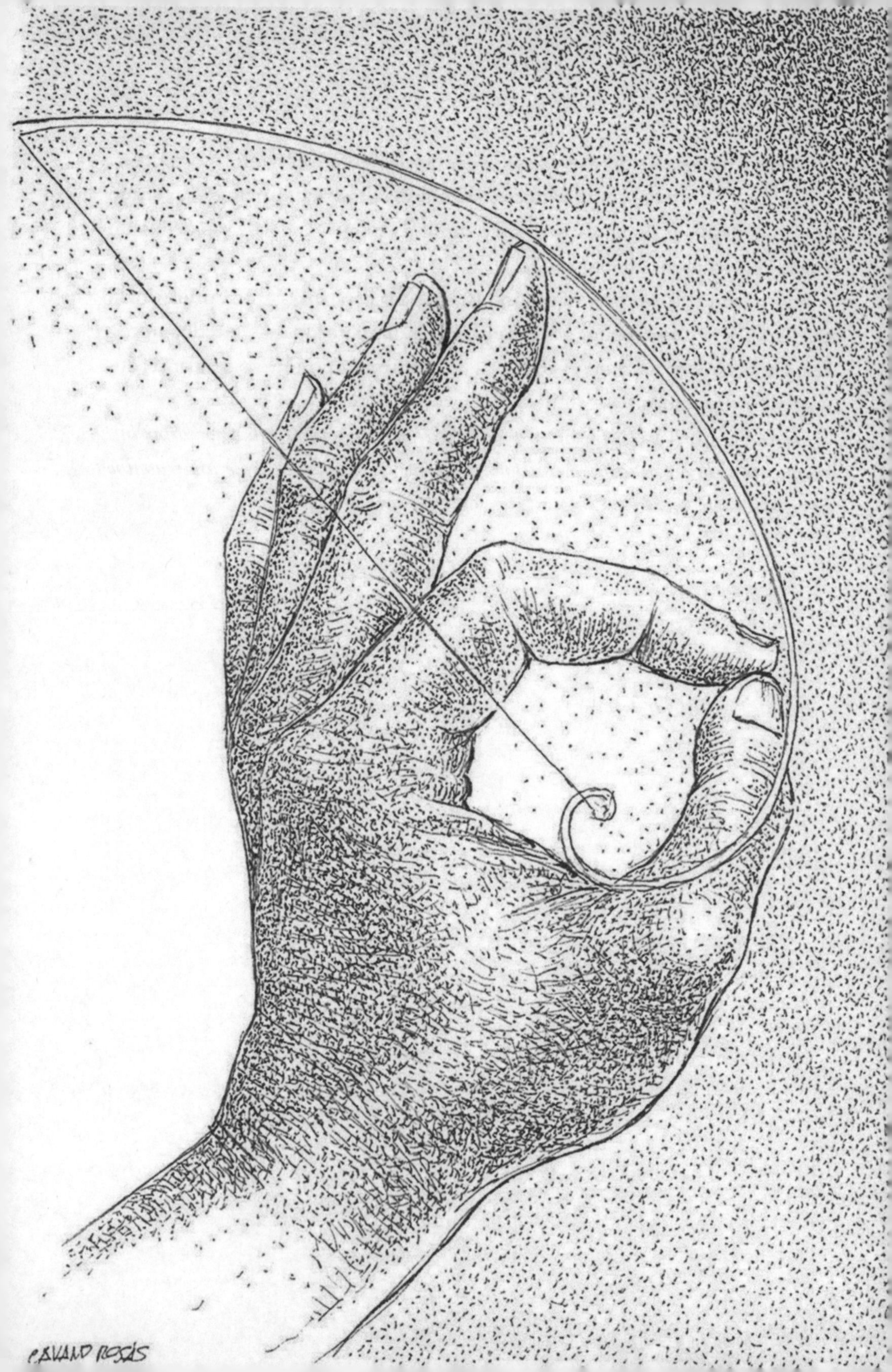

CAPÍTULO 7

O Designer

ANDRÉ COUTINHO

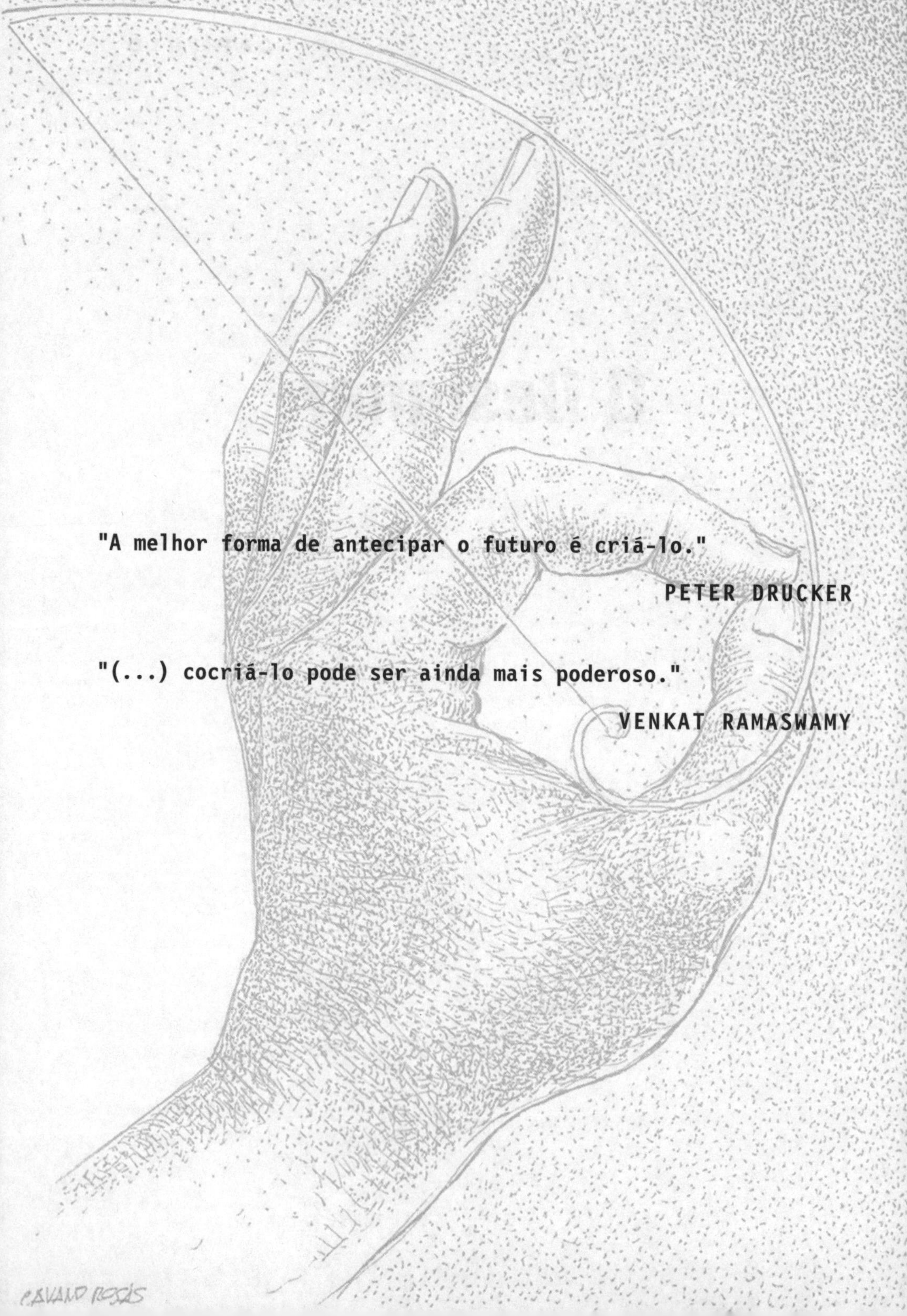

"A melhor forma de antecipar o futuro é criá-lo."

PETER DRUCKER

"(...) cocriá-lo pode ser ainda mais poderoso."

VENKAT RAMASWAMY

O papel do design no universo das empresas sofreu ampla modificação nos últimos anos. O design evoluiu de uma ferramenta empregada na estética de produtos (o design industrial) para algo capaz de agregar significativo valor aos produtos e marcas, transformando-os em experiências memoráveis para as pessoas. A Apple é o emblema dessa mudança no papel do design na sociedade.[1]

Sabemos hoje que os modelos tradicionais de gestão, bem-sucedidos no passado, talvez sejam rígidos demais para atender aos novos desafios das organizações. Faz-se necessária uma transformação na gestão e na estratégia. É nesse contexto que emerge o choque entre design e gestão. Um crescente número de lideranças vem apostando no chamado Design Thinking (DT). O design thinking é uma forma de pensar, também traduzido em conceito e método, e passa a ser aplicado não só no desenvolvimento de produtos e serviços, mas sobretudo em estratégias, processos e sistemas de gestão. Ao longo das últimas décadas, designers de várias áreas como interiores, arquitetura, móveis ou vestuários desenvolveram habilidades visando combinar as necessidades humanas conjugadas à disponibilidade de recursos técnicos, mas também as limitações mercadológicas do negócio. Através da integração do que é desejado sob a ótica dos aspectos humanos, em conjunto com o que é tecnologicamente praticável e economicamente viável, os designers foram capazes de criar produtos e marcas admirados. O design thinking amplia esse espectro de atuação, empregando o design a um universo mais amplo de problemas, complementando a atitude de ser designer com o pensar como designer.

O design thinking é, antes de tudo, uma tentativa de traduzir, de "dissecar" a maneira como pensam, os métodos, a atitude de empreendedores, inovadores, algo mais ou menos como buscar entender como funciona um Steve Jobs da Apple ou um Howard Schultz da Starbucks. Em poucas palavras, o design thinking sugere que o melhor caminho para as organizações é desenhar futuros alternativos que façam sentido, que tragam significado e relevância para as pessoas. Os design thinkers, aqueles indivíduos que pensam e operam com DT, estão em busca de melhorar a vida das pessoas e ajudar a construir um mundo melhor para todos.

---

[1] Leander Kahney, *A cabeça de Steve Jobs* (Editora Agir).

O Brasil também tem seus design thinkers. Fabio Barbosa desenhou um novo conceito de banco através da sustentabilidade, o Banco Real. Responsável por adotar no Real a estratégia dos três Ps – people, planet e "profit" –, Fabio sempre quis provar que a combinação socioambiental garante lucros ao longo do tempo. A visão de negócios impregnada de valores éticos e preocupações sociais e ambientais vem sendo construída por Barbosa no Real (e, recentemente, no Santander, após a fusão entre Santander e ABN) há quase 10 anos. Fabio transformou a experiência brasileira em referência mundial e, de fato, conseguiu criar uma aura de banco responsável, com princípios. Curiosamente, a "bandeira" da sustentabilidade já vinha sendo adotada há muitos anos pelos bancos. O pioneirismo do Real consistiu em inserir a sustentabilidade na gestão e nos produtos do banco.

Samuel Klein criou o modelo de negócio ideal para a população de baixa renda, as Casas Bahia. A habilidade para entender as necessidades emocionais e os hábitos de compra dos clientes de baixa renda e a capacidade de viabilizar o sonho de consumo por meio do acesso ao crédito resultaram em um modelo de negócios único no que diz respeito ao varejo. Segundo C.K. Prahalad, em seu livro *A riqueza na base da pirâmide*:[2] "*As Casas Bahia provam minha tese a respeito da importância e da rentável oportunidade de mercado existente na base da pirâmide de renda.*"

Às vezes confundimos design com genialidade. No DT, a fantasia do gênio e de sua mente brilhante, que, por muito tempo, habitou nosso inconsciente coletivo, é substituída por um processo multidisciplinar, passível de ser gerenciado e implementado. O design thinking passa a ser, essencialmente, um processo de inovação centrado em aspectos humanos, cujos métodos como observação, cocriação, pesquisa, etnografia, visualização, prototipagem e análises incitam a inovação e delineiam as estratégias empresariais, promovendo, assim, a decisão sobre o que deve ser produzido.

De acordo com Roger Martin, autor de *A integração de ideias e design de negócios*,[3] o design thinker tem um sistema de autoconhecimento próprio

---

[2] C.K. Prahalad, *A riqueza na base da pirâmide* (Editora Bookman).

[3] Roger Martin, *Integração de ideias* e *Design de negócios*.

composto de visão de mundo, ferramentas e experiências. Em termos de visão de mundo, o design thinker tem uma postura que busca o desconhecido, adota a possibilidade de surpresa e fica à vontade para atacar a complexidade de maneira sistêmica, mesmo sem saber o que está do outro lado. As principais ferramentas do design thinker são observação, imaginação e configuração. De acordo com Tom Kelley[4] e David Kelley, fundadores da IDEO, umas das empresas que adotaram o design como negócio, o design thinking:

busca necessidades e expectativas das pessoas: tenta identificar quais são as maiores dificuldades e desafios das pessoas, observando e criando empatia com elas. A compreensão profunda, centrada no ser humano, usando as técnicas de um etnógrafo ou de cocriação (criação em parceria com diversos stakeholders), é ferramenta essencial do design thinker. A compreensão feita de maneira superficial somente confirmaria e perpetuaria o modelo atual.

desenvolve um ponto de vista: criam-se diversas hipóteses de como melhorar a vida das pessoas. O ponto de vista pode e deve mudar no decorrer do processo, então não precisa estar perfeito.

gera ideias e soluções: cria e cocria ideias ligadas ao ponto de vista. Os design thinkers aperfeiçoam programaticamente a imaginação, transformando-a em poderosa ferramenta.

desenha protótipos: criam-se as soluções – de modo barato, rápido e imperfeito – para, em seguida, testá-las. O objetivo é testar o maior número de protótipos no menor tempo possível e catalogar o desempenho de cada um.

---

[4] Tom Kelley, *As 10 faces da inovação* (Campus/Elsevier) e *The Art of Innovation* (Editora Jonathan Littman).

Trata-se essencialmente do design de um negócio que concretizará um insight. Sem isso, a observação e a imaginação não terão recompensas significativas. O mestre dos protótipos é Steve Jobs, que criou a plataforma integrada de produtos (Pad, iPhone, iPod) acoplados ao software iTunes.

itera: ao testar cada protótipo, é necessário avaliar o que funcionou e o que não funcionou. Assim, a próxima versão poderá ser um pouco melhor. Muitas vezes, o resultado de um teste pode levar à decisão de desistir de determinada solução, ou até de reavaliar o ponto de vista e criar um novo, se necessário.

O desenvolvimento das habilidades de design thinking é um exercício contínuo. A exploração de soluções válidas encontrará seu contraponto na capacidade de extrair eficientemente valor das soluções que ele desenha. Finalmente, o trabalho do design thinker de desenvolver a própria visão de mundo, ferramentas e experiências depende essencialmente do trabalho externo de se comunicar e colaborar com diferentes pessoas.

Então, voltemos ao nosso “Ativista da Estratégia”. Essencialmente, o designer irá confrontar construtivamente o papel exercido pelas diversas faces do Ativista da Estratégia. Em especial, a mentalidade do design thinker irá chocar com a do jogador de xadrez (estrategista) ou com o papel exercido pelo político (articulador).

Vamos ao choque entre o designer e jogador de xadrez. A visão do estrategista é a de que devemos fazer análises: do mercado, dos cenários externos à nossa empresa, da concorrência, das melhores práticas de outras empresas e, baseados nessas análises, tomar decisões. Partindo de dados e fatos, analiso todas as alternativas primeiro, o terreno em que estou pisando e depois escolho qual caminho tomar. Só que, por mais que façamos análises, o contexto externo é mais complexo e dinâmico do que nossa capacidade de entendê-lo e digeri-lo, para produzir decisões razoáveis sobre o futuro. O design thinking sugere que, em vez de analisar alternativas existentes e tomar decisões baseadas nestas alternativas, é melhor desenhar futuros alternativos que façam sentido, que tragam algum significado para as pessoas. O DT não abandona nem exclui a análise; apenas coloca a análise no seu lugar certo, ou seja, na hora em que nossa ideia do que será o futuro está mais ou menos desenhada. E adiciona alguns elementos que faltavam à frieza das análises: criatividade e intuição. Na prática, adotar uma visão de estratégia mais orientada ao design pode nos levar, por exemplo, a criar a estratégia convidando seus stakeholders para o processo. No Brasil, organizações como Soluções Usiminas, Senai, VisaVale, Hospital Moinhos de Vento já adotam este caminho. Em 2008, o superintendente do Hospital Moinhos de Vento (HMV), Dr. João Polancyk, decidiu convidar médicos, enfermeiras, pacientes, familiares, planos de saúde e empresas para o processo de reformulação de estratégia do hospital. Insatisfeito com as estratégias "mais do mesmo", o Dr. João decidiu lançar o HMV na jornada de desenhar uma nova estratégia para o hospital, só que, dessa vez, aqueles que decidiam a estratégia teriam de ouvir o que os stakeholders tinham a dizer: *"No ramo em que atuo como gestor, não existiriam somente duas partes interessadas para serem ouvidas, mas, no mínimo, quatro ou cinco. Deveríamos ter o cuidado de escutar o que todas tinham a dizer. Levei a ideia até o hospital e, após algumas discussões internas, concluí que seria necessário inserir a participação de pacientes, familiares, médicos, operadoras de saúde e empresas na revisão do nosso planejamento estratégico. Um dos fatos que me chamaram a atenção nesta iniciativa foi a percepção de que, com médicos, pacientes e operadoras de saúde, sempre houve um contato mais efetivo e diário. Contudo, com as empresas financiadoras da medicina suplementar, que contratam planos ou seguros de saúde para seus funcionários, não tínhamos um histórico de interface, desconhecendo quais eram seus interesses."*

Um das novas estratégias "cocriadas" deu origem a um novo negócio, o HMV Empresa, em que o hospital passa a credenciar uma rede de clínicas especializadas para atender diretamente a executivos de empresas. Esse novo negócio tem como finalidade não só fazer o plano de assistência médica ser customizado de acordo com as necessidades de cada empresa, mas também elevar a cobertura do plano de saúde. Posturas como esta são típicas de um design thinker: apostar na criação de futuros alternativos, sem necessariamente se prender à análise nos condicionamentos externos e internos de um hospital. O Dr. João tinha a opção de jogar xadrez: formular estratégias no complexo tabuleiro que é o sistema de saúde e enfrentar os "adversários" e gerar mais conflitos com seus vários stakeholders.

O segundo choque acontece entre o designer e o político. O político irá articular e negociar posições, defender interesses e persuadir as pessoas para que suas ideias sejam adotadas na forma de políticas públicas ou políticas, estratégias ou projetos empresariais. O político advoga posições e tenta convencer os outros (outros políticos ou os eleitores) a seguirem suas posições. Na política, o design thinker irá trabalhar caminhos alternativos que não necessariamente levem ao enfrentamento da problemática. Vejamos o exemplo do "choque de gestão" no Brasil. A maioria dos empresários brasileiros tem lutado por uma ampla e profunda reforma tributária no Brasil. Travam debates intermináveis sobre a pertinência de determinados tributos, em relação ao complexo sistema fiscal que envolve União, estados e municípios ou sobre o nível das alíquotas. Do lado do governo, sobretudo em governos adeptos de políticas sociais, como é o caso do governo Lula, mexer na estrutura tributária significa alterar o tamanho e o impacto de projetos sociais na sociedade. Cria-se, portanto, um impasse que no Brasil já dura 20 anos. Algumas pequenas vitórias, o empresário logrou, a exemplo do fim da CPMF, mas, em geral, trava-se uma verdadeira queda de braço entre setor privado e governo, um conflito de interesses frontal. O empresário Jorge Gerdau, um design thinker da área pública, adotou uma "política" diferente. Ciente da impossibilidade do governo e de seus aliados no Congresso aceitarem a reforma tributária pleiteada pelos empresários, resolveu "atacar" a eficiência da máquina pública. Convocou uma legião de outros empresários, patrocinou projetos em ministérios, governos e prefeituras e até fundou uma ONG, o MBC-Movimento Brasil Competitivo, com o objetivo de tornar a gestão pública brasileira mais eficiente. Criou o movimento do "choque de gestão", em que a premissa é que o governo se comporte como as empresas, trabalhe de maneira mais eficiente e, consequentemente, gaste menos. Até estimulou os políticos a fazerem "marketing" de feitos como o "déficit zero", alusão à lei de responsabilidade fiscal, que preconiza que todo órgão público deveria gastar exatamente o que arrecada. Na hipótese traçada por Gerdau, no longo prazo, menor gasto público significa menor necessidade de financiamento da máquina pública, portanto mais espaço para a redução de impostos. Gerdau trabalha claramente com outra premissa, diferente de outros empresários; resta saber agora se o "choque de gestão" de fato irá promover a redução de impostos, mas esta é a aposta de longo prazo do design thinker na política.

Em geral, os design thinkers estão levando as organizações na direção da economia e da sociedade criativa, procurando mobilizar recursos para o desenvolvimento com inovação.

CAPÍTULO 8

O Empreendedor

SELMA RODRIGUES E ANDERSON PENHA

"Um empreendedor tende a tirar um pedaço um pouco maior do que pode mastigar, esperando que logo possa aprender a mastigá-lo."

ROY ASH

INTRODUÇÃO

Reza a lenda que a serendipitia[1] foi responsável pela descoberta do fogo pelo homem, mas não foi suficiente para levá-lo a um novo patamar. No entanto, a necessidade de descobrir como manuseá-lo fez a humanidade mudar seu rumo para sempre.

Observando a história, é possível perceber que as grandes transformações e evoluções do mundo foram impulsionadas pela necessidade de sobrevivência e pelo talvez inconsciente desejo do homem pela conquista. Quando analisamos o comportamento humano, percebemos que existe um grupo que se destaca: são aqueles que tiveram grande contribuição nas transformações e evoluções que citamos. Existe um conjunto de características marcantes nestas pessoas: o inconformismo com o *status quo*, a predisposição ao risco, o otimismo, uma pitada de criatividade e uma certeza interna de que é possível. O adjetivo empreendedor é dado a pessoas que se enquadram nesse perfil.

A partir de agora, vamos entrar no mundo do empreendedor e entender de que maneira suas características e sua forma de lidar com os desafios potencializam o Ativista da Estratégia.

Iniciaremos por uma breve viagem no tempo, passando por definições e contextualizações que ajudam a confirmar sua existência.

PRIMEIRAS EVIDÊNCIAS DO EMPREENDEDORISMO

Por volta do século XVII, os franceses chamavam de "entrepreneurs" as pessoas ousadas que estimulavam o progresso econômico da França antiga através de novas e melhores formas de agir. Algumas figuras altamente reconhecidas na história atual por seus feitos também contribuíram com

---

[1] Palavra de origem inglesa (*serendipity*) que significa a característica de descobrir por acidente ou sagacidade uma coisa enquanto se tenta descobrir outra.

definições sobre o empreendedor. Um dos destaques é Joseph Schumpeter,[2] que utilizou a palavra empreendedor para definir pessoas com criatividade e capazes de fazer sucesso com suas inovações. Com sua definição, Schumpeter atribuiu um novo significado ao empreendedor: além de criativo, como já destacamos, ele o definiu como inovador e como pessoa capaz de fazer sucesso. Este último traduz de forma brilhante a capacidade que o empreendedor tem de realizar.

Peter Drucker,[3] um dos mais respeitados, se não o mais respeitado guru de administração empresarial do século XX, em seu livro intitulado *Gerenciando para a próxima sociedade*, atribuiu à palavra empreendedor o atributo tomador de risco. Segundo ele, empreendedor é uma pessoa que "arrisca" em algum negócio.

O empreendorismo ganhou tanta importância e destaque na administração moderna que levou o Babson College, escola de negócios americana localizada no Vale do Silício, na Califórnia, pela primeira vez na história, a dar um enfoque especial ao empreendorismo em seus cursos de graduação, destacando-o como característica importante no mundo dos negócios. Seguindo seu exemplo escolas de negócios no mundo, também incluíram em sua grade curricular um capítulo especial dedicado ao empreendedorismo.

EMPREENDEDORISMO NA EXECUÇÃO DA ESTRATÉGIA

Kaplan e Norton, em seu livro *Organização orientada para a estratégia*, protagonizam que a base para que a estratégia esteja no centro do processo decisório é contar com o patrocínio da alta liderança. A questão é que isso não basta! É preciso que, além de uma liderança forte, exista um executivo que conduza o processo e saiba utilizar esta liderança para que a execução da estratégia aconteça em todos os níveis da organização.

---

[2] Joseph Schumpeter: economista que lecionou na Universidade de Harvard por cerca de 20 anos e que deixou imensa contribuição para a economia atual através de várias obras escritas.

[3] Peter Drucker: professor titular da cadeira de ciências sociais da Universidade de Claremond, na Califórnia, com mais de 30 publicações sobre teoria da administração.

Conduzir a estratégia no caminho de sua execução, metaforicamente falando, é como pegar a estratégia pela mão e, à medida que ela caminha na organização, nosso Ativista segue na frente, preparando o terreno para que esteja fértil e adubado, a fim de que a semente seja plantada com chances significativas de crescer e dar frutos.

O caminho pelo qual nosso Ativista conduzirá a estratégia será árduo e cheio de intempéries. Grande parte das intempéries estará relacionada a questões humanas.

O ambiente que se estabelece em uma organização diante de qualquer proposta de mudança é de insegurança pelo medo do novo. É comum que as pessoas criem barreiras para que a transformação não aconteça. Vale destacar que o medo estará incutido em todos os níveis da organização, no alto, médio e baixo escalão, por questões distintas, é certo, mas, ainda assim, fará a sua parte no processo de mudança organizacional. Transpor questões de comportamentos e atitudes que emergem nos indivíduos diante de mudanças iminentes demanda atenção, um conjunto de ações elaboradas para mitigar riscos, acompanhamento contínuo e ajustes e perseverança dos que estão à frente do processo. Afinal, o que pressupõe um processo de execução da estratégia senão um processo de transformação?

Qual seria um possível conjunto de atributos que, somados, permitiriam que alguns indivíduos tivessem mais sucesso em transformar desejos em realidade do que outros? Fizemos a seguinte descoberta: iniciativa, coragem, perseverança, otimismo, criatividade, orientação para a ação, automotivação, apetite pelo risco, capacidade de planejamento, capacidade de relacionar-se e liderança formam um conjunto de destaque entre alguns empreendedores conhecidos, como, por exemplo, o Barão de Mauá, Alberto Santos Dumont, Oscar Niemeyer, Bill Gates, Larry Page, Sergey Brin, entre outros. Todos eles tinham presentes esse conjunto de atributos e destacaram-se em sua capacidade de realização.

Poderíamos, então assumir que um Ativista da Estratégia que não seja um empreendedor ficaria fragilizado frente à situação tão desafiadora quanto conduzir o processo de execução da estratégia em uma organização? A resposta é SIM.

Ato contínuo seria assumir que essa mesma situação para alguém que tenha essa face mais aguçada seria uma verdadeira fonte inspiradora. O que precisamos fazer é descobrir quem são os empreendedores em nossas organizações e colocá-los a serviço de nossa estratégia!

TRANSFORMANDO A OPORTUNIDADE EM REALIDADE, OU MELHOR, A ESTRATÉGIA EM AÇÃO

Nosso próximo passo é confirmar o que, até então, defendemos, o empreendedor como um realizador por excelência. Para isso, vamos buscar fundamentação em exemplos.

Há cerca de dois anos, um evento empresarial foi encerrado com uma belíssima orquestra sinfônica juvenil. Foram tocadas e cantadas lindas canções pelos jovens. Foi tocante ver algumas lágrimas rolando da face dos que estavam presentes. A orquestra tem experiência internacional e, na Europa, já tocou em algumas cidades da Alemanha. Por trás desse grupo, estava o Professor Braz Rodrigues Nogueira, diretor da Escola Municipal Campos Salles, localizada na favela de Heliópolis, com cerca de 120 mil habitantes na cidade de São Paulo. Empreendedor no sentido mais amplo da palavra, o Professor Braz conseguiu tangibilizar metas estabelecidas pela comunidade desde 1972, como ter educação, cidadania e moradia digna. Com todas as dificuldades que podemos imaginar, desde falta de dinheiro, descaso público, abandono social e até roubos dos equipamentos da escola, o Professor Braz assumiu a frente do processo de transformação da favela. Hoje, dentro da comunidade, existem projetos como "Os Parceiros da Criança", que fornece aulas de reforço escolar, música e arte, uma biblioteca, projeto responsável pela conquista de um prêmio de empreendedorismo social, Agente da Transformação, o Centro de Convivência Educativa e Cultura, a Escola Técnica Profissionalizante e até uma rádio. Durante sua jornada, o Professor Braz mostrou todo o seu poder de realização e características como perseverança, otimismo, predisposição a assumir riscos, automotivação e coragem, entre outras, foram e continuam sendo os atributos presentes que impulsionam esse valente e admirável homem.

Exploramos também o mundo executivo procurando por empreendedores e deparamos com o Sr. Abílio Diniz, que teve sua carreira à frente da Cia. Brasileira de Distribuição marcada por decisões firmes, de alto risco e certamente orientadas por uma visão clara de futuro. Em 1992, venceu uma intensa batalha familiar e conseguiu ficar com as ações do grupo. Em 1995, abriu o capital da empresa e, em 1999, 24% das ações foram vendidas para o grupo francês Cassino. Em 2000, o grupo tinha 416 lojas e liderava o ranking das maiores empresas de varejo do país. Faziam parte da Cia. Brasileira de Distribuição, nessa época, o Pão de Açúcar, o Comprebem, o Sendas, o Extra e o Extra-Eletro. O ano de 2009 foi marcante na trajetória da Cia. Brasileira de Distribuição, que se confunde com a trajetória do próprio Abílio Diniz, com a aquisição do Ponto Frio e o consequente pódio nacional de líder brasileiro no varejo. A jogada de mestre, no entanto, veio com a aquisição das Casas Bahia. Atualmente, a Cia. Brasileira de Distribuição é maior que sua controladora francesa Cassino.

Para finalizar nossa pesquisa, vamos para os Estados Unidos, conhecer o exemplo de um executivo de marketing da cadeia de lojas de varejo americana Best Buy. Jeff Severts assumiu a vice-presidência de marketing de consumo da Best Buy em 2004. Um dos maiores desafios enfrentados por Severts era trabalhar a reboque de previsões orçamentárias de vendas realizadas por outra área da empresa. Quando não atendidas, estas previsões transformavam a área de Severts em um verdadeiro bode expiatório. A situação era agravada pelo fato de os gerentes de loja com seus supervisores distritais e regionais serem remunerados com base no cumprimento das metas de orçamento. Inconformado com os desvios entre o orçamento de vendas planejado e realizado da ordem de 10%, Severts reconhecia a contribuição do marketing, mas intuía que algo no processo estava falhando. Com base em sua intuição, Severts estudou o assunto e à medida que se aprofundava, tinha mais clareza sobre os fatores que influenciavam o processo e que iam muito além dos econômicos. Sabendo que poderia contribuir para melhorar o processo de previsão de receitas da companhia, Severts também sabia que sua posição de pouca influência na organização não era favorável, pois muitas pessoas tinham interesse na manutenção do processo atual. Partindo da crença de que a problemática da Best Buy estava concentrada no fato de poucas pessoas com profundo conhecimento do tema formularem o orçamento, Severts decidiu realizar um projeto de orçamentação piloto em sua área aplicando o conceito de sabedoria[4] das massas, que propunha

---

[4] Sabedoria das massas: conceito disseminado por James Surowiecki no livro *A sabedoria das multidões* (Record, 2006)

ampliar a confecção do orçamento para o maior número de pessoas possível. A persistência de Severts em testar sua hipótese culminou na geração de um resultado no mínimo espantoso; o resultado da previsão formal da equipe do Severts em janeiro de 2005 foi de 5%, enquanto o resultado gerado pelo grupo de trabalho do projeto-piloto foi de 0,5%. Mais uma experiência se seguiu e confirmou que a sabedoria das massas gerava previsões substancialmente mais assertivas. A direção da Best Buy recebeu os resultados dos testes realizados e decidiu investir no projeto liderado por Severts de aplicar estes conceitos em maior escala para aumentar a geração de valor na companhia. Esse executivo é um exemplo clássico do intraempreendedor, que é aquele indivíduo caracterizado por empreender dentro de um negócio realizado. Nosso próximo tópico abordará essa questão.

Neste tópico, trouxemos casos de empreendedorismo e intraempreendedorismo que contribuíram para confirmar seu poder de realização em diferentes cenários e contextos.

A INFLUÊNCIA DO CONTEXTO NO EMPREENDEDOR E O INTRAEMPREENDEDOR

Qual é a real influência do contexto organizacional sobre um indivíduo?

O empreendedor é, por essência, uma pessoa que está disposta a colocar em risco seu empreendimento e seu capital (tangível e intangível) em prol de um ideal.

O fato de um empreendedor estar inserido num contexto organizacional faz com que ele tenha de lidar com as mesmas adversidades encontradas em outro contexto.

O empreendedor interno, ou intraempreendedor, é uma pessoa com disposição de empreender sobre uma ideia dentro do contexto organizacional, e o maior risco ligado a este ato está diretamente ligado ao sucesso ou fracasso de sua carreira.

Este tipo de comportamento faz os intraempreendedores serem levados a encarar suas organizações como seus "próprios negócios", fazendo sua atitude ir além dos limites de sua profissão, transformando o comportamento esperado de empregado em um colaborador ativo.

Observando todas as características dos empreendedores aqui citados e transportando-as para uma pessoa, ou um grupo, dentro do contexto organizacional, com certeza nos depararíamos com pessoas visionárias e sonhadoras, capazes de transformar uma situação trivial em uma oportunidade. Pessoas que viveriam constantemente saltando barreiras, fazendo alianças, tentando driblar todo e qualquer tipo de percalço existente em seu contexto, para atingir seu maior objetivo. Concretizar tudo aquilo que foi sonhado!

Retornando ao Ativista Empreendedor, temos que um intraempreendedor é, por natureza, um Ativista dentro de sua organização. Suas características o tornam, inevitavelmente, uma pessoa capaz de influenciar o rumo de uma empresa, independentemente da posição hierárquica em que atue.

O Ativista da Estratégia que possua uma face empreendedora deverá sempre ser exigido para atuar em momentos em que se busquem um olhar visionário e "mãos realizadoras". Porque estas habilidades lhe proporcionarão uma forma única de construir estratégias inovadoras, de avaliar e tomar riscos, de materializar sonhos e de gerar valor para aquela organização.

Encontrar esses Ativistas dentro dessas organizações não será tarefa difícil, porque, possivelmente, estarão enfronhados em projetos inovadores, criando novos caminhos, desbravando novos mercados, formulando novas estratégias, tomando decisões inusitadas, ou melhor, fazendo aquilo em que acreditam!

Neste capítulo aprendemos sobre a importância da atitude empreendedora para o Ativista da Estratégia, abordamos diferentes situações e constatamos que nosso Ativista tem uma longa e árdua jornada e que os atributos de um empreendedor lhe serão de grande valia. Em síntese, destacamos que todo Ativista deve atentar para seu papel e desenvolver e exercitar as características que aqui abordamos para aumentar suas chances de sucesso tanto pessoal quanto profissional.

CAPÍTULO 9

O Político

JARBAS GUIMARÃES
E ROGÉRIO CAIUBY

"Todos os grandes líderes tiveram uma característica em comum: a determinação para confrontar, de forma inequívoca, as maiores ansiedades de seus povos em um determinado período. Isso, e não muito mais que isso, é a essência da liderança."

JOHN KENNETH GALBRAITH

INTRODUÇÃO

Discorrer acerca das diversas "faces" do Ativista da Estratégia, de uma forma isolada, se apresenta uma tarefa mais árdua do que se possa imaginar, uma vez que todas elas estão profundamente interligadas entre si, de forma complementar e simbiótica.

Com o sentido de organizar um pouco as ideias, a preparação para o desenvolvimento deste capítulo se iniciou, dentre outras coisas, pelo entendimento da origem das palavras. Para tanto, numa busca rápida no Wikipédia, consultou-se o significado das palavras POLÍTICA/POLÍTICO. O que se encontrou pode ser resumido a seguir:

POLÍTICA: "... no sentido comum, *política*, como substantivo ou adjetivo, compreende a *arte de guiar ou influenciar* o modo de governo *pela organização* de um partido político, *pela influência* da opinião pública, *pela aliciação* de eleitores..."; "... na conceituação erudita, política consiste nos *meios adequados à obtenção de qualquer vantagem*", segundo Hobbes; ou "*o conjunto dos meios que permitem alcançar os efeitos desejados*", para Russel; ou "*a arte de conquistar, manter e exercer o poder, o governo*", noção fornecida por Nicolau Maquiavel, em *O Príncipe*; "... numa conceituação moderna, *política* é a ciência moral normativa do governo da sociedade civil.."; "... outros a definem como conhecimento ou estudo 'das *relações de regularidade e concordância dos fatos com os motivos que inspiram as lutas em torno do poder do Estado e entre os Estados*'".

Foi interessante perceber, já nesta primeira busca, que alguns termos e/ou características começaram a surgir, muito alinhados com o que vemos na prática como características comuns aos mais bem-sucedidos Ativistas das mais diversas organizações, sejam elas privadas ou públicas:

- Arte de guiar ou influenciar.
- Utilização dos meios adequados à obtenção de efeitos desejados.
- Arte de conquistar, manter e exercer o poder.

- Entendimento das relações de regularidade e concordância dos fatos com os motivos que inspiram as lutas em torno do poder.

O *poder*, aqui citado, tem uma conotação sociológica, que o apresenta como a habilidade de impor sua vontade sobre os outros, mesmo que estes resistam de alguma maneira. Ou seja, a capacidade de estar em posição de influenciar.

A partir desta pesquisa, fazendo uma comparação e transposição dos conceitos encontrados para as características que gostaríamos de discorrer no restante deste capítulo, podemos entender o POLÍTICO como o NEGOCIADOR, o DIPLOMÁTICO e o ARTICULADOR da organização, no sentido da busca pelas bases comuns que serão o alicerce do comprometimento e do consequente sucesso não só no desenvolvimento de estratégias vencedoras, mas, principalmente, na construção de equipes de alto desempenho, com diferenciada capacidade de execução.

Quando apresentamos o termo NEGOCIADOR, referimo-nos à capacidade de identificar e/ou entender os pontos de convergência de opiniões, a princípio divergentes.

Quando apresentamos o termo DIPLOMÁTICO, referimo-nos à capacidade de conduzir relações, de ser aceito como um representante, interlocutor independente, ético, confiável e transparente.

Quando apresentamos o termo ARTICULADOR, referimo-nos à capacidade de identificar os interesses em comum, as complementaridades, de montar o "quebra-cabeça" das capacidades e competências que, reunidas, poderão gerar um resultado surpreendente.

Essas características se mostram fundamentais para o Ativista, uma vez que a busca pelo alinhamento e o comprometimento em torno de objetivos comuns não é, nem de longe, uma atividade natural, principalmente quando estamos tratando de realizar esta tarefa em organizações que são compostas por pessoas das mais diferentes origens, com as mais variadas formações e que são responsáveis por atividades, dentro da organização, que possuem dinâmicas e rotinas completamente distintas. Isso faz a tarefa de construção do alinhamento dentro da organização enfrentar barreiras como:

- A existência de diferentes "mapas mentais" dentro da organização (faz um mesmo problema ser trabalhado/resolvido de diferentes formas).

- A existência de diferentes "prioridades de curto prazo" (faz os objetivos/ansiedades/expectativas serem distintos em relação aos resultados a serem alcançados).

- A existência de diferentes "interesses pessoais", sejam relacionados à motivação do trabalho com influência na vida pessoal, assim como, os interesses de desenvolvimento profissional e de imagem (faz com que, muitas vezes, os objetivos e expectativas não sejam coerentes com a lógica do negócio, dificultando o entendimento e busca das bases comuns).

- A dificuldade de "comunicação" comum a nós, seres humanos, que, muitas vezes, nos preocupamos, e nos dedicamos, muito mais a falar e pensar numa resposta do que efetivamente ouvir e compreender outros pontos de vista (faz a busca das bases comuns serem dificultadas).

Bem, estas barreiras serão o ponto de partida para explorar de que formas as características apresentadas se demonstram de fundamental importância para a face de POLÍTICO do nosso Ativista modelo.

O POLÍTICO E OS DIFERENTES "MAPAS MENTAIS"

Os mapas mentais dentro de uma organização nada mais são do que diferentes diagramas de ideias presentes em seu interior. Cada área ou segmento dentro de uma empresa possui seus próprios mapas mentais para a solução de problemas, criação de sinergia, alinhamento de objetivos e ações para que tais objetivos sejam alcançados. Estes mapas são moldados e influenciados de acordo com a dinâmica de trabalho das áreas nos quais foram gerados, a formação dos profissionais que nela se encontram e suas características pessoais, resultando em diversidade e volatilidade.

Como o mercado é cada vez mais povoado por profissionais multidisciplinares, com novas áreas e setores sendo criados a cada dia, a tendência é de que os diferentes mapas mentais dentro da organização sejam únicos e abundantes, de modo que um ou mais de um não contemplem a estratégia da empresa, não estejam alinhados com ela ou simplesmente não representem a melhor solução para determinado problema. Na realidade, é algo muito comum, e que apresenta um importante desafio para o Ativista. Pedro Faria, da Tarpon, comenta a importância de se buscarem pessoas com uma visão comum para minimizar o efeito da diversidade de mapas mentais em uma organização: *"Busco profissionais alinhados com os valores, com a cultura e que tenham os mesmos interesses da empresa. Este filtro inicial talvez seja o mais importante, porque, a partir daí, tenho a certeza de que estou me relacionando com pessoas que compartilham uma visão comum. Acho que, na maior parte das vezes em que o andamento dos processos não foi bem, é porque errei neste filtro inicial. Não há fórmulas para lidar com a situação de desalinhamento."*

Para a superação deste desafio, entra em jogo a face do político, através da qual o Ativista utilizará as competências descritas na introdução para identificar onde estão as divergências nestes mapas mentais e quais os ajustes necessários para que estejam alinhados com os objetivos estratégicos (NEGOCIAÇÃO). Para ter sucesso neste processo, precisará ser aceito como representante, conduzir as relações com ética e transparência, contar com a confiança dos envolvidos e resguardar os interesses enquanto possível (DIPLOMACIA). Finalmente, fazer os ajustes nestes mapas mentais, identificando os pontos comuns e as competências adequadas para promover o alinhamento, construindo a intersecção e atingindo os objetivos desejados (ARTICULAÇÃO).

Certamente, não é uma tarefa simples, e sua complexidade varia de acordo com o tamanho da organização, a diversidade e a quantidade de mapas mentais e a clareza já existente dentro da organização em relação à estratégia definida. Ainda que em graus variáveis de complexidade e envolvimento, a atuação do político é extremamente benéfica nos mais diversos níveis organizacionais.

Como estamos tratando da face política do Ativista, é bastante elucidativo que tracemos um paralelo com os grandes políticos de fato, estadistas que ajudaram a escrever a história da humanidade, e examinemos sua estratégia e as competências que possuíam e utilizavam ao interpretar uma infinidade de diferentes mapas mentais, negociando e articulando em busca do alinhamento.

A figura do político é tão antiga quanto o próprio homem. Em um passado muito distante, no qual ainda não se teorizava nem se escrevia sobre o assunto, estadistas de diversos locais do mundo elaboravam complexas estratégias, repletas de objetivos ousados de curto, médio e longo prazo, indicadores e variáveis. Contavam neste processo com a influência de uma infinidade de pessoas de *backgrounds* diferentes, levando a uma convergência de inúmeros mapas mentais, ainda que estes jamais fossem colocados no papel seguindo a famosa metodologia de Tony Buzan. Os políticos hábeis, que conseguiram implementar suas estratégias e atingiram com isso notoriedade, empregavam com maestria as competências que aqui descrevemos.

Embora à primeira vista pareça absurdo, voltemos ao longínquo período entre 328 a.C. e 326 a.C. O império macedônico se estendia pela Grécia, Egito, Bálcãs, e ousava tentar estender seus domínios para a Índia. Milhares de culturas diferentes, com sistemas únicos de funcionamento (mapas mentais), operando de forma homogênea e alinhada com objetivos estratégicos bem definidos. Por que o líder deste império, Alexandre, o Grande, foi bem-sucedido onde tantos outros exímios generais falharam? Porque era um Ativista, com a face política e suas competências empregadas de modo eficaz.

Alexandre tinha ao seu dispor um grande poder bélico, que utilizava com grande habilidade. Seu grande diferencial foi perceber que muitos já haviam detido tal poder e fracassado nesta empreitada. Alexandre foi NEGOCIADOR: identificou e compreendeu os pontos de convergência de opiniões divergentes entre seus conquistados, os diferentes mapas mentais e minúcias que afastavam seu império de seus objetivos estratégicos. Foi DIPLOMÁTICO, ao permitir que seus conquistados conservassem aspectos de suas culturas, fossem representados, tivessem alguns interesses resguardados, conquistando, assim, confiança e aceitação. Por fim, foi ARTICULADOR, ao colocar as pessoas certas nas funções adequadas, fazer alterações sutis no modo de funcionar das diversas sociedades que conquistou, fazendo com que se enquadrassem em seu sistema, mas preservassem algumas de suas peculiaridades, conseguindo, assim, o alinhamento.

A transposição dessa ideia para o plano prático, o meio empresarial, é menos complicada do que parece. A face política do Ativista, em relação aos diferentes mapas mentais dentro da organização, pode ser encarada como o conjunto de competências que permitem que o Ativista consiga compreender e conciliar as diferentes culturas de trabalho dentro da organização, conquistando a confiança dos diversos setores, para, com isso, promover os ajustes e a integração necessária ao alinhamento estratégico.

Ana María Franco, do setor de energia e telecomunicações, oferece um interessante depoimento sobre este processo:

"*Viver o processo de expatriação foi relativamente fácil, motivada pelo grande desafio de sair do mundo da gestão tecnológica e passar para a gestão estratégica da principal subsidiária do grupo, que participa com 60% dos resultados consolidados. Uma empresa com história estatal, que tinha sido adquirida dois anos atrás e estava ainda transitando por uma significativa transformação estrutural, em que o alinhamento à estratégia corporativa era um eixo fundamental. E ainda é. Há quase um ano lidero este processo com desafios cada vez maiores, principalmente fundamentados em garantir fusão de duas culturas com objetivos únicos, onde o papel político e de integrador é fundamental para empolgar a empresa com o rumo estratégico e convocar sua ativa participação.*"

Pedro Faria, da Tarpon, também conclui: "*Acho que os profissionais precisam ser coerentes e entender que as atitudes não são meramente um capricho, nem são de interesse pessoal, mas fazem parte do contexto que expressa a visão do que é o melhor para a empresa. Acredito que não é necessário bater na mesa e falar que quero que o processo seja implementado de uma determinada maneira, porque sou o sócio da empresa. Nunca uso da prerrogativa de que as pessoas são obrigadas a fazer o que quero porque eu comando a empresa. Mesmo em situações onde tenho o direito de fato, não atuo através do medo e do confronto. Tenho experiência para saber que as pessoas só fazem os processos terem continuidade quando elas acreditam no que estão fazendo, mas o convencimento tem de ser natural, sem autoritarismo. Costumo dar provas contínuas de que a minha posição não é em causa própria, é em prol do que é melhor para todos. Neste momento, consigo trazer as pessoas para o meu 'barco'."*

O político assim serve como elo entre os diversos mapas mentais e a estratégia, representando e balanceando os interesses, mostrando de forma clara a estratégia e mantendo o equilíbrio que serve de base para que exista o alinhamento.

O POLÍTICO E AS DIFERENTES "PRIORIDADES DE CURTO PRAZO"

Interligadas com os mapas mentais discutidos no item anterior, estão as diferentes prioridades de curto prazo. Cada organização, em determinado momento, conta com um grupo de prioridades de curto prazo. Além disso, cada área dentro dessa organização tem a própria percepção de quais são, de fato, as prioridades de curto prazo, normalmente dando preferência àquelas relacionadas ao seu segmento ou função na empresa.

O equilíbrio entre as prioridades de curto prazo e a visão estratégica futura, com o *management* das diversas pressões que isso envolve, é uma questão da mais alta relevância para os profissionais da estratégia, de modo que cabe ao Ativista definir quais são essas prioridades, se são de fato as preocupações primárias naquele momento, diante da estratégia definida. A face política entra em jogo no momento de compreender os diversos objetivos, ansiedades e expectativas que emanam dos vários setores da organização, de modo que estejam alinhados com os objetivos a serem atingidos. A priorização de um sobre o outro gerará reação, e as competências da face política do Ativista são fundamentais ao longo desse processo.

As divergências com relação às prioridades de curto prazo costumam dever-se ao foco excessivo dos funcionários em sua área de atuação. Assim, cada grupo se preocupa com aquilo que lhe diz respeito, deixando o restante de lado, e não levando em consideração a estratégia estabelecida. Um executivo de uma instituição financeira conta sua experiência, mostrando que o Ativista pode contornar essa situação, trazendo diferenciais tanto do ponto de vista estratégico como do operacional:

"Nessa época, aprendi a usar a estratégia em um nível micro que ajudaria a compor a estratégia da agência e a compor a estratégia da corporação, tínhamos que seguir a missão e a visão do Grupo ao mesmo tempo termos nossa própria missão e visão que significava atingir nossos objetivos de rentabilidade por carteira e ampliação da base de clientes. O maior aprendizado trazido do Citibank foi no tocante a relacionamento interpessoal, ao entrar o banco me passou uma ideia errada de que vendas vende e o 'back-office' que se vire para suportar o negócio, percebi e passei a trabalhar desta forma que o mais fácil era compartilhar seus sucessos e insucessos, alegrias e tristeza com o 'back-office' e ter um grande aliado para superar as adversidades, desde um depósito às 18h (duas horas após o banco fechar) a um alerta prévio sobre que modelo de cobrança mais se aplicava a cada empresa, o que me fazia oferecer um serviço melhor e mais barato."

Apesar do uso da terminologia "relacionamento interpessoal", que parece mais adequada ao próximo tópico de nosso capítulo, trata-se de uma questão referente à cultura de trabalho. O foco das áreas concentra-se nas próprias questões, e não na estratégia, fazendo as prioridades de curto prazo encontrarem falta de ligação entre si e com os objetivos estratégicos da organização.

Mais uma vez, as competências do político entram em cena, especialmente a DIPLOMACIA. Decisões de impacto imediato têm uma importância muito grande na organização e, invariavelmente, envolvem uma escolha, o que significa que haverá discordância. Assim, é fundamental que o Ativista trabalhe a questão diplomática, passando o sentimento de representação, de preservação de todos os interesses envolvidos, na medida do possível. Juntamente com essa aceitação há transparência, o que facilita a árdua tarefa que o profissional da estratégia enfrenta para fazer o raciocínio estratégico penetrar nos diversos ramos da organização.

A NEGOCIAÇÃO é também crucial na medida em que o Ativista precisará visualizar e entender, dentre tantos anseios e possíveis prioridades, o que se encaixa de forma mais precisa na estratégia traçada. É bastante comum que sejam travados verdadeiros embates entre setores de marketing, vendas, financeiro e outros a respeito do que deve ser priorizado. Unir os diversos setores em torno do objetivo estratégico definido faz a energia gasta nestes embates ser direcionada para o alinhamento.

Por fim, novamente, a ARTICULAÇÃO, através da qual será possível, uma vez identificadas aquelas que de fato são prioridades de curto prazo, à luz da estratégia, que seja montado o quebra-cabeça, de modo a reunir as competências para melhor atendê-las, sempre mostrando, com clareza, a todos os envolvidos que se trata do caminho mais curto para que se atinjam os objetivos propostos.

O não emprego ou o emprego inadequado dessas competências ao lidar com as prioridades de curto prazo representou a ruína de muitos políticos notórios ao longo da história. O famigerado líder nazista Adolf Hitler é um exemplo. Em 1941, Hitler promoveu um ataque à União Soviética, quebrando um acordo de paz celebrado com o general russo Joseph Stalin, provavelmente com o objetivo de enfraquecer um potencial aliado da Inglaterra. Faltaram ao alemão as competências de negociador e diplomata, na medida em que ele não enxergou que acordava um formidável adversário, em um momento em que não havia qualquer necessidade para tal, do ponto de vista estratégico. Anos depois, a mesma União Soviética teria papel fundamental na derrota do nazismo e consequente fim da Segunda Guerra Mundial.

Trata-se de um exemplo que pode ser trazido para o mundo corporativo. Lidar com as prioridades de curto prazo de forma imediatista, sem levar em conta a estratégia, pode significar um passo dado na direção errada. Em um ambiente altamente competitivo e de constante inovação, isso pode ser fatal, ainda que não o pareça em um primeiro momento. Esse contexto sublinha a importância da face do político do Ativista, na medida em que esta reúne as competências essenciais para promover a estabilidade no processo de alinhamento das prioridades à gestão estratégica.

O POLÍTICO E OS DIFERENTES "INTERESSES PESSOAIS"

"Até tu, Brutus?"

Abrimos este tópico com a célebre frase proferida pelo imperador romano Júlio César, um dos mais célebres políticos da história humana, ao se ver traído pelo jovem no qual confiava, em uma elaborada trama para lhe tomar o poder. Um episódio famoso, que foi antecedido e seguido por incontáveis episódios similares no decorrer dos anos.

A conspiração para ascensão ao poder nos círculos políticos é um tópico recorrente na natureza do homem. Em diversos graus de honestidade, violência e complexidade, sempre esteve e sempre estará presente enquanto habitarmos a face da Terra. Embora seja um grosseiro exagero compararmos o que acontece nas empresas modernas às tramas políticas que entraram para a história, não é impossível traçarmos um paralelo.

Por trás da gestão estratégica de uma organização, dos diferentes mapas mentais ali presentes, das prioridades de curto e longo prazo, existe uma variável muito mais complexa e única, composta pelas esferas individuais de interesse de cada ser humano ali presente. A busca por ascensão dentro da empresa, a preocupação em cultivar uma certa imagem, um sentimento particular positivo ou negativo por um colega, a discordância dos caminhos seguidos pela organização, ou um simples problema na vida pessoal. Paremos por um segundo para calcular qual seria a probabilidade de que todas essas variáveis sejam compatíveis, ou estejam alinhadas com a estratégia da organização.

As chances não são animadoras. Como, felizmente, não estamos lidando com uma ciência exata, as competências da face do político oferecem ao Ativista valiosas ferramentas para lidar com as particularidades individuais dentro da organização. Este é o momento em que a atuação do Ativista está essencialmente mais próxima à de um político.

A estratégia não tem vida por si só. Se apenas colocados no papel, os conceitos e teorias não têm efeito nenhum. São as pessoas envolvidas na organização que compõem as engrenagens que dão vida à estratégia e possibilitam que se atinjam os objetivos propostos. Um domínio das competências que tanto descrevemos aqui é o mais poderoso diferencial existente para movimentar essas engrenagens.

Através da DIPLOMACIA, o Ativista conquista a confiança das pessoas. Isso minimiza a possibilidade de "inimigos", ou obstáculos no caminho da organização rumo à visão de futuro, na forma de pessoas desalinhadas ou em desacordo na estratégia. Neste mesmo caminho, a NEGOCIAÇÃO permite que se identifiquem os verdadeiros aliados na gestão estratégica, quais são os consensos e as divergências, e quais possíveis medidas podem ser tomadas. Finalmente, a ARTICULAÇÃO leva à tomada de tais medidas, a reunião das competências adequadas para que se atinjam fins surpreendentes e se eliminem os obstáculos à implementação da estratégia.

O excelente depoimento de Simone Soares, engenheira química, mostra um pouco da transposição dessa discussão para o plano prático:

"Um ponto que mereceu atenção na construção do mapa estratégico foi não transportar para ele o organograma da empresa. Estranho, mas é verdade! Por muitas vezes, observava os gestores argumentando que no mapa estavam explícitas missões de determinadas gerências e outras nem tanto. Isso era entendido como 'minha área é menos importante que a dele?' e por outros como 'eu sou o coração do mapa!'. Essa armadilha é muito sutil e muitas vezes não percebida. Não devemos permitir que esta fogueira de vaidades ocorra, sob pena de tornar o mapa um verdadeiro 'amigograma', e não o registro dos reais desafios da empresa.

Com um mapa de competências definido não só para os líderes formais, mas também para os informais, desenhamos um programa de capacitação, pilar importante para a construção de uma cultura com foco na estratégia e na orientação por processos."

Nesse contexto, gostaríamos também de citar o rico depoimento de Ana Carolina Chaer, do CNJ: *"Durante toda a execução do projeto, identifiquei, na qualidade de Ativista da Estratégia, como meus aliados a persistência e a disposição permanente ao diálogo orientado a produzir consensos e gerar ações essenciais ao departamento de gestão estratégica. Dou-me conta de que não haveria o êxito obtido sem a inclinação para formular compromissos e reajustes no andamento do processo, mesmo quando isso envolvesse necessidades estratégicas de ceder em aspectos pontuais, adaptando a técnica que adotamos ao comportamento das pessoas. Provavelmente, o fator mais relevante em todo o momento terá sido o que vejo como o meu integral envolvimento na causa e insuperável paixão por ela."*

As variáveis pessoais na organização sempre serão infinitas e incontroláveis. O que a face do político faz é mostrar ao profissional da estratégia as competências que podem ajudá-lo a identificar e mitigar as variáveis que venham a produzir um impacto negativo, simultaneamente identificando e empregando em favor do alinhamento aquelas que se mostram positivas, montando o quebra-cabeça capaz de gerar os melhores resultados.

A "COMPETÊNCIA" OCULTA – UMA CONCLUSÃO

É seguro afirmarmos que, de modo geral, o ser humano apresenta maior proficiência ao falar e pensar em uma resposta do que ao ouvir e de fato tentar compreender o outro. Por isso, a brincadeira no título do tópico final desta exposição, ao fazer referência a uma "competência oculta".

O que se busca dizer é que de nada servem as competências às quais nos referimos exaustivamente neste capítulo, se o Ativista não estiver realmente aberto a ouvir os que estão ao seu redor, assimilar as informações, buscar compreendê-las e organizá-las. É através deste processo, e somente através dele, que a face do político ganha força, pois é ouvindo que se conquista confiança, que se enxergam as oportunidades, que se percebe a hora de agir.

Tudo o que foi exposto aqui sequer existe se não estiver acompanhado da capacidade de ouvir, inerente e necessária a qualquer pretensão de sucesso de um ponto de vista político ou estratégico.

Assim, concluímos nosso capítulo definindo a face política e suas competências como uma poderosa ferramenta a ser estudada e dominada, de modo a minimizar as turbulências decorrentes da complexidade das organizações, das pessoas nelas envolvidas e da pressão inerente ao mundo corporativo atual, criando um ambiente propício ao alinhamento estratégico, na busca por uma visão de futuro estabelecida.

Não é uma fórmula exata, mas um exercício que deve ser repetido, aperfeiçoado e estudado, para que possa compor de forma efetiva o leque de competências do Ativista da Estratégia, auxiliando em sua trajetória.

CAPÍTULO 10

O Escritório de Gestão da Estratégia: Lições do Campo

SAULO BONASSI E RAUL JAVALES

Este livro é dedicado às pessoas, aos profissionais, que são verdadeiros Ativistas da Estratégia em suas organizações. Em cada um dos capítulos anteriores, buscou-se explorar as diversas faces desse profissional, suas competências e desafios, através de metáforas com outras profissões e relatos pessoais.

Este capítulo agora é dedicado a explorar a unidade, a área, o departamento, ou ainda, o Escritório de Gestão da Estratégia (OSM – Office of Strategy Management). No Brasil, temos visto uma grande variedade de denominações para qualificar os profissionais destas unidades: superintendente, diretor, gerente ou coordenador de gestão da estratégia, planejamento corporativo, gestão empresarial, alinhamento estratégico, desenvolvimento de negócios. Nos EUA os profissionais que lideram estas áreas têm sido chamados de SMO (Strategy Management Officer) ou ainda CSO (Chief Strategy Officer).

Iremos explorar aqui como organizações, privadas e públicas, brasileiras e latino-americanas têm se organizado para gerir suas estratégias, quais tem sido os principais papéis e responsabilidades deste escritório, suas principais funções e desafios.

Para subsidiar este capítulo, iremos nos valer de duas pesquisas realizadas com a Comunidade de Gestão da Estratégia (CGE). Uma realizada em 2009, com cerca de 30 organizações da América Latina, incluindo México, Argentina, Uruguai, Colômbia, Chile e Brasil (desta amostra cerca de 60% possuem faturamento superior a US$500 milhões e mais de 1.000 funcionários), e outra realizada no Brasil, em 2010, com a comunidade brasileira de gestão da estratégia, que contou com 20 organizações.

Por fim, para consolidar este capítulo serão apresentados dois casos, um de uma organização privada, **uma instituição financeira**, e outra pública, **o Poder Judiciário**. Ambos os casos de organizações que buscam colocar a estratégia no centro de seu processo de gestão, que mostram bem os desafios destes escritórios, a importância do patrocínio da liderança e como é fundamental um forte trabalho em rede e equipe para conseguir mobilizar toda a organização em prol da estratégia.

O PROCESSO DE GESTÃO DA ESTRATÉGIA

Antes de entrarmos especificamente na unidade ou Escritório de Gestão da Estratégia, é importante falar do processo, pois, independentemente de ter uma área formal ou não, o fundamental é que as organizações contem com um processo de planejamento único e integrado, em que o Ativista, em muitos casos, é apenas o arquiteto e coordenador deste. A Figura 10.1 demonstra um exemplo deste processo.

FIGURA 10.1

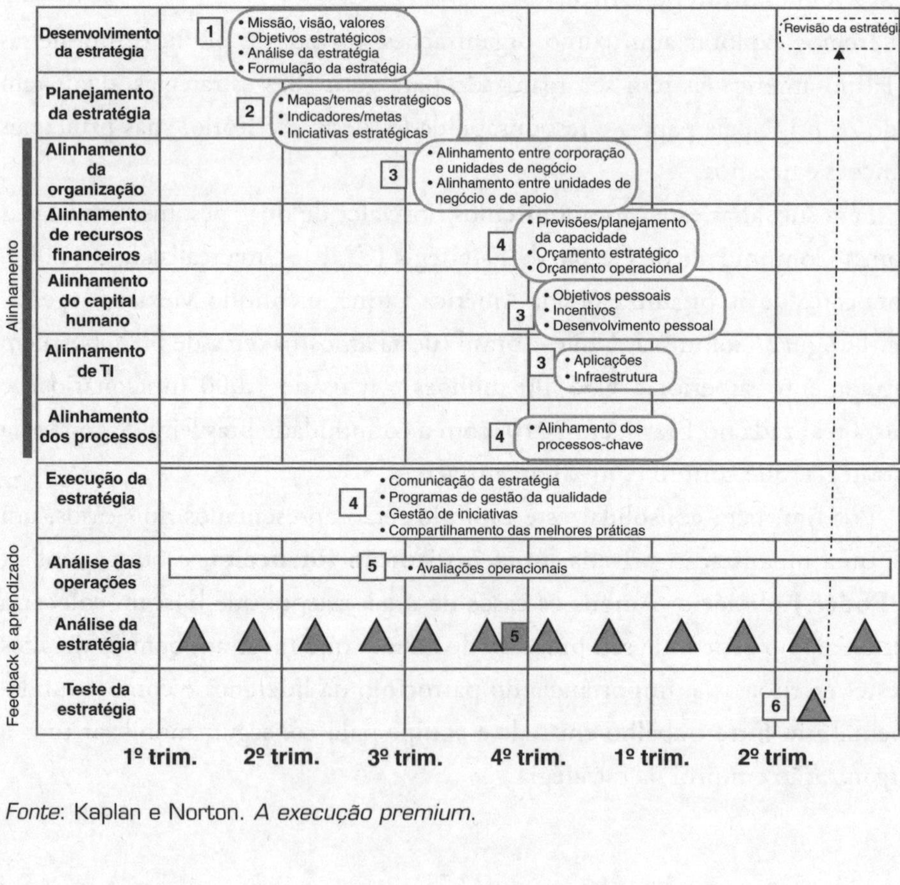

Fonte: Kaplan e Norton. *A execução premium*.

Este processo normalmente começa com o desenvolvimento da estratégia, fazendo-se valer principalmente das faces do jogador de xadrez e do design do(s) Ativista(s), para posteriormente destrinchar esta estratégia num plano concreto, traduzindo esta em objetivos, metas e projetos. Estes são posteriormente desdobrados para as diversas unidades ou áreas, de modo que se possa mobilizar e alinhar toda a organização para sua execução. O ciclo se fecha com as análises, tanto da operação como da estratégia, de modo que esta possa ser testada para retroalimentar novamente o desenvolvimento da estratégia, formando, assim, o ciclo de PDCA (Plan Do Check Act) da estratégia (Figura 10.2).

FIGURA 10.2

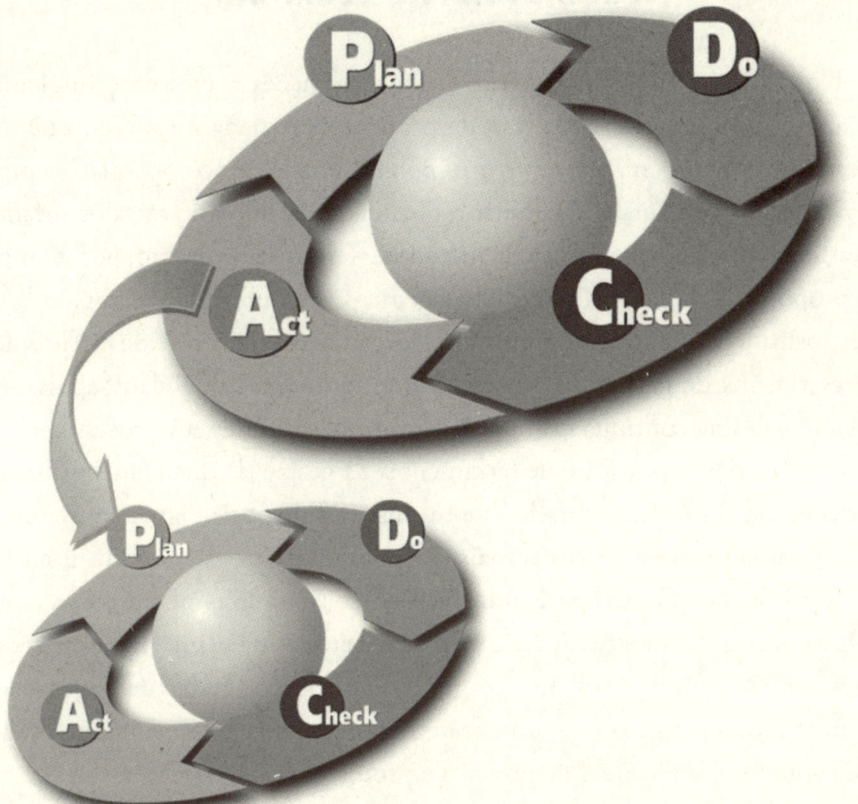

Fonte: http://producaoequalidade.blogspot.com.

Este processo, apesar de ser crítico para as organizações, é por muitas vezes desprezado, tratado como eventos isolados e esporádicos, sem uma coordenação clara, em vez de ser um processo contínuo e cíclico. Assim, como todo e qualquer processo, para funcionar, é necessário que alguém o lidere, que existam pessoas responsáveis por coordenar todas as diversas atividades que o compõem.

Nesse sentido, e dentro de um contexto dinâmico e de incertezas em que estratégia e execução têm tido cada vez mais relevância, cada vez mais organizações têm estruturado um Escritório de Gestão da Estratégia.

A ESTRUTURA DO ESCRITÓRIO

Nos últimos anos, temos visto nas organizações a crescente implementação de um escritório de gestão de projetos, que nada mais é do que uma área dentro da organização com a responsabilidade de acompanhar os projetos de maior relevância e garantir a qualidade da implantação dos mesmos, considerando-se um conjunto de métodos e ferramentas, como, por exemplo, os propostos pelo PMI (Project Management Institute), Prince, ou ainda outras instituições. Também temos visto organizações em fase de estruturação de escritórios de gestão de processos, que têm como finalidade apoiar suas organizações na contínua otimização e padronização de seus processos-chave, utilizando todo o portfólio de ferramentas da gestão da qualidade, utilizando conceito de "Lean Enterprise", Kaisen, Just in time, Seis Sigma, entre outras.

Do mesmo modo, mais e mais organizações têm estruturado uma área ou Escritório de Gestão da Estratégia, que contempla também o uso de um conjunto amplo e diverso de ferramentas e métodos de planejamento e gestão. Esta unidade muitas vezes até incorpora o escritório de gestão de projetos e/ou de processos, entendendo que a estratégia tem de estar totalmente interconectada com uma boa gestão de projetos e processos para acontecer.

Segundo nossas pesquisas, algumas organizações, normalmente as maiores, possuem uma equipe totalmente dedicada a este tema, enquanto em outras os executivos desta equipe, além de coordenarem este processo de gestão da estratégia, possuem também outro papel formal, como de gestor da área financeira, qualidade, novos negócios ou ainda de gestão de pessoas.

Cabe salientar que temos percebido mais e mais gestores de pessoas, ou RH, assumindo este papel da gestão da estratégia e desempenhando com extrema maestria. Isso só reforça a importância de se trabalhar bem o lado "soft" da estratégia, como aspectos de liderança, cultura e valores que, por muitas vezes, não recebem a mesma importância do lado "hard" da estratégia, com suas análises e planos. Daí a importância de se valer das faces tais como: de terapeuta, de educador e político, para conseguir mobilizar a organização para a execução da estratégia.

FIGURA 10.3 PERFIL DO OSM NAS EMPRESAS PESQUISADAS

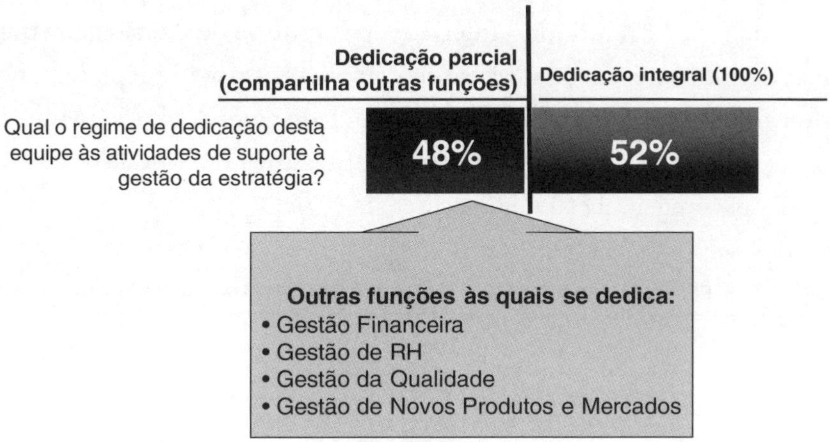

Fonte: Pesquisa realizada pela Symnetics.

O tamanho dessa equipe é outro aspecto que pode variar muito de organização para organização. Nossa pesquisa mostrou que, daquelas que possuem um time exclusivamente dedicado, 56% possuem de duas a cinco pessoas, 33% possuem mais de cinco pessoas dedicadas a este processo, enquanto em 11% este papel está limitado a apenas um executivo.

FIGURA 10.4 QUANTIDADE DE PESSOAS PERTENCENTES À EQUIPE

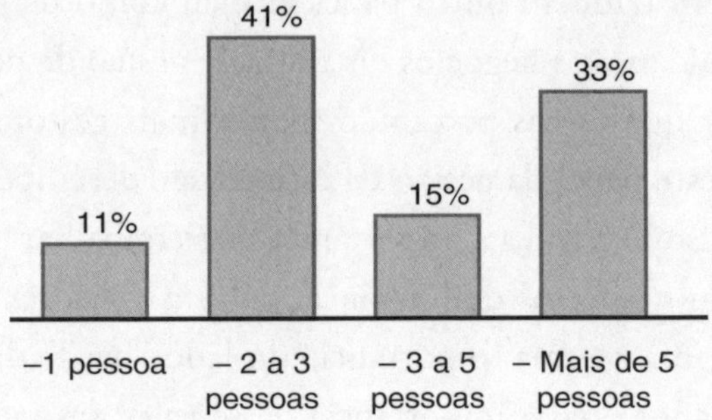

Fonte: Pesquisa realizada pela Symnetics.

Agora, independentemente da estrutura fixa da área, o que temos percebido como fator-chave de sucesso é a capacidade de construir e contar com uma grande rede de Ativistas da Estratégia. Profissionais das mais diversas áreas da organização, que são Ativistas em suas respectivas áreas, atuando como tentáculos desta rede e garantindo a interface do Escritório de Gestão da Estratégia com as demais áreas da organização. É como se existisse um representante do escritório de estratégia em cada área ou unidade da organização. Muitos dos casos de sucesso que temos acompanhado possuem este modelo, como é o caso da Volkswagen, da Cemig e do Senai.

FIGURA 10.5 ESTRUTURA DO OMS E REDE DE GESTÃO DA ESTRATÉGIA

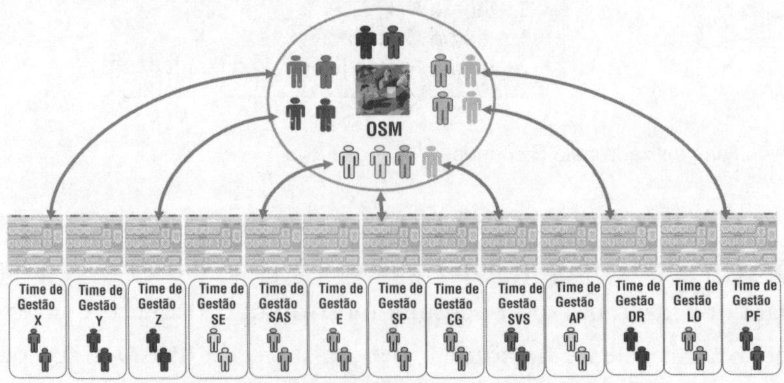

Agentes multiplicadores da gestão da estratégia.

Fonte: Pesquisa realizada pela Symnetics.

Outra questão que sempre aparece é: A quem esta equipe central deve responder? Em nossa visão, o ideal é que responda ao principal executivo da organização. Segundo as pesquisas realizadas, cerca de 60% dos escritórios respondem diretamente ao executivo principal (CEO), 15% dos casos ao diretor financeiro (CFO), e em 7% dos casos para o diretor de RH, conforme comentamos anteriormente.

FIGURA 10.6 A QUEM ESTA EQUIPE DEVE RESPONDER?

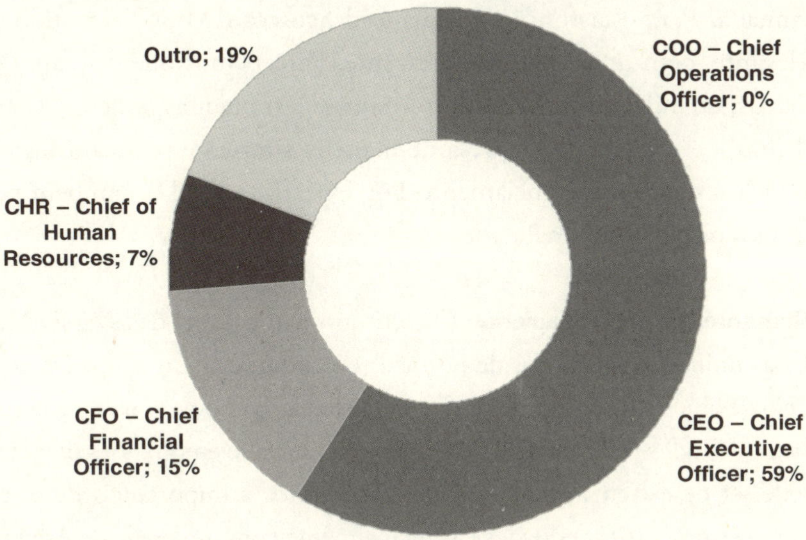

Fonte: Pesquisa realizada pela Symnetics.

QUAIS AS PRINCIPAIS RESPONSABILIDADES DO ESCRITÓRIO DE GESTÃO DA ESTRATÉGIA?

Um amplo espectro de papéis atribuídos a este escritório é visto na prática. A seguir, destacamos alguns dos principais:

- **Desenvolvimento da estratégia:** Facilitador do processo de formulação e desenvolvimento de estratégias, é o responsável por coordenar as agendas, fóruns de discussão e instrumentalizar este processo com o melhor das ferramentas existentes. Aqui temos visto mais e mais organizações se valerem de processos e ferramentas alternativas aos tradicionais e consagrados modelos de planejamento estratégico, para, muitas vezes, criar ambientes participativos e integrar diferentes conceitos a fim de elaborar estratégias de fato robustas e inovadoras.

- **Tradução da estratégia:** Desdobra a estratégia em objetivos, indicadores e iniciativas concretas, de modo que esta possa ser implementada e acompanhada. Para esta função, o Balanced Scorecard (BSC) tem tido papel relevante, com uma aplicação crescente. Percebemos que os mapas estratégicos, quando bem utilizados, tornam-se ferramentas poderosas para explicitar a estratégia da empresa de maneira simples e prática. Mas outros modelos, como o Gerenciamento Por Diretrizes (GPD), também podem ser usados para esta finalidade.

- **Alinhamento organizacional:** O escritório tem o papel de assegurar que todas as unidades, sejam elas de negócios ou apoio, estejam alinhadas, seja por meio de objetivos e indicadores interconectados, como na consistência entre as metas de todos. Este papel é de grande relevância, e em grandes organizações pode ser de extrema complexidade. Isso reforça a importância de se contar com instrumentos adequados e principalmente com uma rede de Ativistas.

- **Comunicação da estratégia:** Na maioria dos casos a área de comunicação da empresa é responsável por ajudar a planejar e executar as ações de comunicação em si. Mas é o escritório de estratégia que tem a responsabilidade de garantir que a estratégia e seu avanço sejam comunicados a todos os funcionários e outros agentes-chave da organização. Este é um papel tão fundamental que alguns escritórios chegam a possuir uma pessoa dedicada somente a este tema, como é o caso da Volkswagen.

- **Gestão do portfólio de projetos:** A execução da estratégia se dá, em grande parte, por meio da gestão de projetos ou iniciativas estratégicas.

Por isso, como dito anteriormente, temos visto mais e mais organizações estruturarem um Escritório de Gestão de Projetos (PMO), para garantir a eficiência e eficácia destes. Por outro lado, o Escritório de Gestão da Estratégia é o responsável pela visão integrada da carteira de projetos, por garantir que estes estejam sempre alinhados à estratégia, balanceados, priorizados, executados segundo o planejado e, o mais importante, atingindo os resultados esperados. Com o propósito de extrair o máximo de valor desta função, algumas organizações têm estruturado seu PMO dentro do "guarda-chuva" do escritório de estratégia. É o caso, por exemplo, da Schincariol e do Banco Volkswagen.

- **Análise da estratégia:** Tão importante quanto formular uma boa estratégia é realizar o acompanhamento de sua implementação. Certa vez, Jorge Gerdau em um seminário de gestão da estratégia disse que nós brasileiros temos pouca cultura do "Check", do consagrado ciclo PDCA (Plan, Do, Check, Act) e é verdade. Na prática, vemos muitos planos, mas pouca disciplina para acompanhamento. O escritório é responsável por definir um calendário de reuniões de análise da estratégia (RAEs), garantir a atualização e consolidação dos dados dos indicadores e projetos, preparar relatórios e análises dos desvios, facilitar estas reuniões com a liderança, e ainda consolidar as decisões e garantir a comunicação destas a todos os envolvidos. Este é um dos principais papéis do escritório e uma das funções que normalmente demanda a maior parte do seu tempo.

- **Inteligência competitiva:** Muitas organizações buscam estruturar uma área de inteligência, para antecipar-se e trabalhar bem com as variáveis exógenas ao negócio. Coordenar esta contínua análise do ambiente externo (tendências macroeconômicas, sociais, tecnológicas, informações sobre os consumidores e concorrentes etc.) é um grande desafio, e de enorme valia para uma boa análise da estratégia. Assim, cada vez mais organizações têm instalado esta área dentro do Escritório de Gestão da Estratégia, como no caso da Cemig, Banco Volkswagen e Schincariol.

- **Novos negócios:** Temos visto que, em algumas organizações, a unidade responsável pela gestão da estratégia também é responsável pelo desenvolvimento de novos negócios, ou ainda Fusões & Aquisições. É o caso da Gerdau, DukeEnergy e Oxiteno.

Diversos outros papéis são encontrados na prática.

É comum ver essa área como responsável pela integração da estratégia com o planejamento financeiro e orçamento; ou ainda, a integração com os processos de gestão de pessoas, como os programas de incentivo e de desenvolvimento, que são críticos e devem sempre estar alinhados à estratégia. Agora cabe ressaltar que, na maioria dos casos, não cabe ao executivo da estratégia coordenar o orçamento ou os processos de gestão de pessoas, e sim garantir sua integração e consistência com a estratégia. Esta distinção de papéis não se aplica quando o executivo principal desta área também é o executivo de RH ou Finanças, compartilhando os dois chapéus.

Todo o processo de gestão da mudança muitas vezes é capitaneado pelo escritório ou ainda por atividades de inovação, ou compartilhamento de melhores práticas em gestão, ou mesmo a coordenação de todo o modelo de gestão da organização, nos casos em que há um modelo integrado.

MAS QUAIS SÃO OS BENEFÍCIOS DO ESCRITÓRIO?

Dentre as organizações pesquisadas, os maiores benefícios destacados pela estruturação de um escritório de gestão da estratégia são:

- Ter uma única gestão estratégica
- Criar uma identidade organizacional
- Ter um direcionamento estratégico

- Garantir a estruturação de um fórum contínuo para discussão da estratégia
- Estimular a empresa e seus executivos a pensarem no longo prazo
- Criar mais tempo para o planejamento em detrimento da operação
- Identificar oportunidades e fragilidades da estratégia
- Garantir uma definição coerente e revisão permanente da estratégia da empresa (retroalimentação permanente)
- Proporcionar o vínculo do planejamento estratégico e o orçamento
- Assegurar o alinhamento do capital humano
- Gerar disciplina na execução da estratégia
- Representar um centro de informações estratégicas
- Compartilhar conhecimentos e ideias inovadoras
- Permitir a comunicação de mão dupla entre a média gerência e a supervisão
- Promover um processo participativo
- Ajudar na mudança cultural que envolve a implementação de todo novo modelo de gestão

Para finalizar, como visto na prática, observamos diversas configurações para estes escritórios. Alguns constituem-se como uma área formal no organograma com uma equipe alocada, outros apresentam-se de maneira não formal no organograma, com executivos compartilhando estas funções com outras.

De toda forma, entendemos que o processo é mais importante do que a área em si. Em nossa visão, toda organização deveria ter um processo de gestão da estratégia, que parte da formulação da estratégia, e engloba a tradução na operação, gestão e monitoramento, sendo fundamental contar com uma rede de Ativistas internos para que este processo funcione.

Muitas são as competências requeridas aos profissionais deste escritório, com destaque para: liderança, visão sistêmica, forte relacionamento interpessoal, conhecimento da organização e de ferramentas de gestão. De toda forma, tão ou mais importante que estas competências são as suas atitudes, ou seja, atitudes de verdadeiros "Ativistas", com grande persistência para superar os desafios. Nos capítulos anteriores, buscamos dissecar esses profissionais em suas diversas faces. A seguir, fechamos com dois casos de escritórios e Ativistas que têm feito a diferença em suas organizações.

CASO: INSTITUIÇÃO FINANCEIRA

A instituição financeira até o ano de 2005 tinha seu planejamento estratégico muito mais fundamentado em premissas financeiras do que um desenvolvimento estratégico propriamente dito. Esse modelo serviu, inclusive, a seu propósito por vários anos. No ano de 2005, o diretor-presidente dessa instituição levantou a bandeira da necessidade de transformar a maneira como a estratégia era trabalhada na instituição, focando principalmente na necessidade de se contar com um processo de formulação e gestão da estratégia – esse foi o primeiro passo para mudar como a empresa foca na estratégia.

A ideia de começar a trabalhar o conceito de estratégia e chegar ao patamar de hoje, cinco anos depois, e ter um departamento que engloba Planejamento Estratégico, Business Inteligence e Gestão de Projetos representa a concretização de um sonho. Esse caminho, que, no início, pareceu um tanto quanto inatingível – a impressão inicial é que essa estrutura é perfeita segundo os livros, mas quase utópica na vida real, passa pouco a pouco a se tornar realidade.

Nada acontece do dia para a noite; o trabalho é construir passo a passo, deixando uma base sólida e que garanta a perenidade do que foi feito.

Podemos dividir este caminho em três grandes desafios, ou como os três principais *milestones* de um projeto que tem como entregável a gestão da estratégia.

O primeiro, e mais difícil, é a mudança cultural: como transformar uma empresa puramente financeira em uma empresa totalmente focada na estratégia? Não é como virar uma chave e a partir daí a empresa é outra. Fazer a empresa pensar e agir estrategicamente não significa ter o corpo gestor acreditando na ideia e indo em busca dos objetivos (sem isso nada seria possível), mas é ter todos os colaboradores cientes de que a empresa mudou e que eles fazem parte desta mudança, esta participação não pode ser *top-down*, e sim *bottom-up*, sendo realistas de que a decisão vem do corpo diretivo, mas a participação tem de ser por vontade própria, vontade de fazer parte desta mudança.

O segundo aprender a lidar com a estratégia: muita novidade surgindo ao mesmo tempo, velhas técnicas (SWOT e BCG), novas técnicas (Pestel), combinação de técnicas, elaboração de cenários, previsões, futurologia, uma crise no meio do caminho para facilitar o trabalho etc. e tudo para garantir que se estava fazendo da forma correta, tendo o suporte de uma forte base acadêmica e em benchmarking.

O terceiro e último, mas não menos importante, na realidade de hoje, eu diria até que, o mais importante: o Balanced Scorecard. O Balanced Scorecard inicialmente, antes de seus conceitos serem absorvidos pela empresa, passou de um grande organizador de ideias (primeiro ano de implementação) para o principal modelo de gerenciamento da estratégia utilizado.

O caminho de 2005 até os dias atuais.

O primeiro passo da empresa foi a conscientização, entender que o foco passava a ser a estratégia, e não apenas o planejamento financeiro, e com isso não era apenas implementar uma ferramenta como o Balanced Scorecard.

Voltamos às perguntas básicas e a trabalhar profundamente nelas: quem nós somos (revisitar a missão), aonde queremos chegar (revisitar a visão) e como chegaremos lá (o planejamento estratégico). Este caminho incluiu pensar o futuro, avaliar nossa realidade, saber o que fazemos e como fazemos e conscientizar, do corpo diretivo a todos os funcionários, de como a empresa seria daqui para frente.

A instituição financeira sempre teve a eficiência como característica marcante, ao mesmo tempo isto criou um *modus operandi* que a torna mais difícil de mudar – o foco sempre foi em sua maioria direcionado à operação e não ao se dedicar a trabalhar a estratégia.

Para conseguir a mudança e chegarmos ao patamar em que estamos hoje, foi necessário contar com o apoio de uma consultoria e de um projeto aplicativo junto a uma renomada universidade. Esses dois atos foram responsáveis por plantar a semente da mudança e cuidar de seu crescimento nos primeiros anos.

No começo o projeto foi tratado por poucos executivos que trabalhavam diretamente com o tema, e que foram responsáveis por realinhar a organização para um mesmo direcionador. Nesta etapa foram recriadas a missão, a visão e a cadeia de valor para nossa instituição.

A parte mais difícil do começo do projeto era admitir que precisávamos de planejamento estratégico, visto que possuíamos um bom resultado e que, por padrão, o melhor amigo da estratégia é uma empresa em dificuldade em busca de uma saída. Todos os executivos são executivos experientes e que sabem muito bem como gerir um banco, contudo todos eram inexperientes no tema BSC e gestão da estratégia.

O passo seguinte é que, pelo fato de a empresa ser muito mais focada na execução do que em planejamento, era muito difícil implementar um conceito novo sem gerar o devido conforto para quem iria participar dele, o que nos levou a capacitar os executivos em gestão da estratégia. Assim, nós os levamos a um treinamento em que todos entenderam, na prática, o uso do BSC e da gestão da estratégia.

Após passos mais desafiantes terem sido superados e termos conseguido o apoio executivo para o cascateamento do programa, lançamos o primeiro mapa, que foi resultante do aperfeiçoamento de três mapas anteriores, nunca publicados. Com o lançamento do mapa, toda a organização passou a ter contato com os conceitos e com uma nova forma de gerir a empresa e, principalmente, todos os colaboradores tiveram uma ideia clara de aonde a empresa queria chegar.

Nesse momento, percebemos o quão difícil seria manter o mapa vivo, e ao alcance de todos, e começamos a criar uma estrutura de comunicação para perpetuar e fortificar a ideia.

Hoje, já estamos no nosso segundo mapa (quinto, na realidade) e com o grupo realmente engajado no tema da estratégia. Tornamo-nos benchmark dentro do grupo financeiro no mundo e estamos ampliando o mesmo projeto para a unidade do México. No início duas pessoas e hoje um departamento com 14 pessoas que atua como SMO + PMO + BICC (Business Intelligence Competency Center).

Durante todo esse processo, foi necessário incorporar vários papéis, que se enquadram nos perfis de um Ativista da Estratégia e que atualmente são papéis incorporados por todos aqueles que compõem o SMO. Mas, por falar em SMO, o mais importante é termos hoje um SMO + PMO que atua fielmente nos parâmetros da gestão da estratégia.

Hoje provemos:

- O desenvolvimento da estratégia: Através do envolvimento de toda a empresa e de análises de ambientes externos e internos.

- O planejamento da estratégia: O desenvolvimento dos planos de curto, médio e longo prazo tem em vista o horizonte de 2018.

- O alinhamento da organização: De tal forma que todos tenham suas atividades relacionadas a um ou mais objetivos do mapa estratégico, e assim, garantimos que estamos em linha com a visão da empresa.

- O alinhamento dos recursos financeiros: Provendo a integração entre o planejamento estratégico e o financeiro.

- O alinhamento do capital humano: Vinculando os objetivos individuais aos objetivos da empresa e reconhecendo o desempenho através de incentivos.

- O alinhamento de TI: Tendo um TI estratégico, que atua em linha com o negócio, garantindo sua perenidade.

- A execução da estratégia: Através das melhores práticas, gestão do portfólio de projetos e comunicação das ações.

- A análise das operações: Estando por dentro do dia a dia da operação e focando em melhorias contínuas.

- A análise da estratégia: Garantindo inovação e busca por um lugar à frente do seu tempo

- O teste da estratégia: Procurando ser cada vez mais assertivo em tudo o que fazemos, através da geração de uma base de conhecimento que propicie sermos melhores sempre. E através do BI, que fornece as informações mais acuradas para a tomada de decisão e é o berço de um plano de inteligência competitiva.

Esse conjunto de atividades está interligado de tal forma que gera um ciclo de gestão da estratégia, fornecendo grande parte dos insumos necessários para garantir uma empresa constantemente focada na estratégia.

CASO: CONSELHO NACIONAL DE JUSTIÇA (CNJ)

O Poder Judiciário, por meio do Conselho Nacional de Justiça, iniciou, em agosto de 2008, a implantação da gestão estratégica do Judiciário brasileiro. O planejamento estratégico nacional foi concebido de forma participativa, visando uma Justiça mais célere, efetiva e transparente.

O primeiro movimento pela gestão estratégica se deu no I Encontro Nacional do Judiciário, a que compareceram os presidentes de todos os 91 tribunais brasileiros. Lá, desenvolveu-se um trabalho de sensibilização e de motivação para a construção de um planejamento estratégico nacional. Buscou-se a definição de objetivos estratégicos comuns a todos os segmentos da Justiça: Estadual, Federal, Eleitoral, Militar e do Trabalho.

Em seguida ao encontro nacional, durante o segundo semestre de 2008, foram promovidos 12 encontros regionais, com a participação dos presidentes e principais assessores dos tribunais, bem como das associações de classe, que representaram os juízes de primeira instância. O objetivo foi discutir os desafios a serem superados para o alcance de uma Justiça mais efetiva. As lideranças apontaram o que consideravam ser seus principais entraves, bem como expuseram seus principais projetos.

Os encontros regionais deram origem a cartas que sintetizaram o resultado dos trabalhos desenvolvidos, bem como a um Banco de Boas Práticas de Gestão do Poder Judiciário, que se renova constantemente e visa possibilitar a troca de experiências entre seus órgãos.

A análise das informações colhidas nos encontros ensejou a consolidação de oito temas e 15 objetivos estratégicos comuns a todos os tribunais, constantes no Mapa Estratégico do Poder Judiciário Nacional, aprovado por todos os presidentes de todos os tribunais no II Encontro Nacional do Judiciário e institucionalizado por meio da Resolução nº 70 do CNJ, de março de 2009.

A resolução do CNJ, que tem força de lei para todos os órgãos do Judiciário, com exceção do STF, dispôs também sobre o plano de desdobramento da estratégia para todos os tribunais. Nele se inseriram dez metas de nivelamento para o Poder Judiciário para 2009. Foi também reafirmada a necessidade de se criar uma Assessoria de Gestão Estratégica em cada tribunal.

As metas de curto prazo para o ano de 2009 foram chamadas Metas de Nivelamento, tendo em vista a grande heterogeneidade entre os tribunais na qualidade do serviço prestado à sociedade. Estas ações, que foram executadas pelos tribunais no ano de 2009, representaram o início de uma cultura de gestão focada em resultados e proporcionaram a primeira avaliação de desempenho no cumprimento de metas e ações comuns. Além disso, essas ações comuns facilitaram a tradução da estratégia em termos operacionais. Uma dessas ações previu a construção de um planejamento estratégico interno de cinco anos até o nível de projetos, por cada tribunal, alinhado à estratégia nacional.

No final de 2009, o planejamento estratégico nacional foi desdobrado para todos os tribunais e conselhos, que tiveram seus planos aprovados para o quinquênio 2010-2014. Todos os planejamentos estão alinhados ao nacional e foram aprovados pelos magistrados que irão se tornar os presidentes dos tribunais nos próximos quatro anos, a fim de se garantir a continuidade dos propósitos de gestão.

O CNJ também criou uma rede nacional e realizou diversos workshops com todos os tribunais, a fim de proporcionar a troca de experiências e apoio técnico no cumprimento das metas nacionais. Nesses eventos, estavam presentes os gestores responsáveis pelas metas em cada tribunal. No mesmo ano, além dos workshops com os juízes gestores, diversos cursos de capacitação em Balanced Scorecard (BSC) foram realizados para os assessores de gestão estratégica, gerando interação e divulgando conhecimento para promover a transformação necessária.

Todo o movimento, incluindo os encontros, workshops, eventos de capacitação e redes, foi coordenado pelo Departamento de Gestão Estratégica (DGE) do CNJ. Este departamento é liderado por um diretor e dois chefes de núcleo, um núcleo de gestão estratégica e projetos e outro de organização e normatização. Criado em 2008, o departamento contava com uma equipe de 3 pessoas e em um ano passou a ter 10 integrantes. O DGE é responsável pela implementação, operacionalização e gestão do planejamento estratégico, assessorando nas atividades relacionadas à gestão da estratégia, incluindo o gerenciamento de projetos, a otimização de processos de trabalho e ao acompanhamento de dados estatísticos. Vale ressaltar que estas atividades são desenvolvidas no âmbito do Conselho e também do Poder Judiciário como um todo.

A metodologia escolhida pelo Judiciário – o Balanced Scorecard – possibilitou a implementação de um sistema de avaliação de desempenho para acompanhar o nível de alcance pelos tribunais dos resultados pretendidos. A metodologia escolhida igualmente possibilitou que o mapa estratégico nacional, que contempla objetivos comuns aos segmentos, fosse adaptado a cada tipo de Justiça e a cada unidade. Cada unidade pôde incluir suas particularidades e peculiaridades locais em seus planejamentos internos, garantindo-se, porém, a medição da cesta de indicadores nacionais.

A construção dos indicadores nacionais, também realizada de forma compartilhada, contou com a participação de representantes dos diversos segmentos de Justiça. Para a coleta automática destes indicadores, o Conselho

Nacional de Justiça disponibilizará sistema informatizado único de gestão da estratégia, baseado no BSC, que também será utilizado internamente nos tribunais nas suas gestões estratégicas. A definição de metas para os próximos cinco anos e a obrigatoriedade de medição destes indicadores nacionais de desempenho por todos os órgãos permitirá ao CNJ tornar a gestão da estratégia um processo contínuo.

Vale ainda destacar que o CNJ desenvolveu o canal da estratégia, um canal de comunicação sobre gestão estratégica no Judiciário acessado pelo site do CNJ. Sua criação deveu-se à necessidade de intensificar a comunicação da estratégia. Este canal, coordenado pelo departamento de gestão estratégica do CNJ, promove interação, motivação e oferece apoio técnico aos assessores dos tribunais. O canal também permite que os usuários façam sugestões sobre a gestão estratégica nacional e, por meio de fóruns virtuais, aperfeiçoem a gestão da estratégia. Cita-se, por exemplo, um fórum dinâmico no canal para uniformização dos formatos de medição dos indicadores de desempenho nacionais.

O III Encontro Nacional do Judiciário, realizado em fevereiro de 2010, consolidou a metodologia com a palestra magna do Professor Robert Kaplan. Tratou do desempenho dos tribunais no alcance das metas de 2009 e definiu metas para 2010, como forma de continuidade nas mudanças de gestão. Além disso, apresentou subsídios para a construção de cenários prospectivos para o Judiciário para os próximos 15 anos. Os cenários foram construídos a partir de pesquisa realizada com 40 mil líderes no Brasil, que validaram hipóteses elaboradas por experts nos temas do PESTL e líderes do Judiciário.

Os encontros nacionais consolidaram-se como reuniões de análise da estratégia e foram institucionalizados também por meio da Resolução nº 70.

A implantação da gestão estratégica no Judiciário representou um marco na história desse poder. Operou-se uma evolução cultural, propícia a que ocorra um salto de desempenho no âmbito da magistratura, em prol da efetividade de seu papel de instrumento de promoção dos direitos fundamentais, da equidade e da paz social.

CONSIDERAÇÕES FINAIS

Integrando Perspectivas

SAULO BONASSI E ANDRÉ COUTINHO

Esta obra buscou, através de metáforas e depoimentos extraídos de histórias verídicas, dissecar como pensam e agem os profissionais de estratégia.

Metáforas são uma poderosa maneira de compreender o mundo, influenciam nossa linguagem e forma de pensar, nos permitem fazer "paralelos" e aprender a partir de diferentes enfoques. Segundo Morgan:

> *"Nossa habilidade de chegar a uma leitura compreensiva do homem depende da habilidade de ver como esses diferentes aspectos da pessoa podem coexistir de forma complementar ou até mesmo paradoxal."*

Assim, pudemos aprender muito com o Jogador de Xadrez sobre como fazer melhores escolhas e tomar melhores decisões; com o Engenheiro, a traduzir a estratégia para a operação de modo que esta possa ser executada e acompanhada; com o Arquiteto, sobre a importância de conceber um processo único e integrado de gestão; com o Educador em como mobilizar e motivar as pessoas, e principalmente facilitar a aprendizagem, de modo que essa competência em gestão da estratégia possa ser disseminada por toda a organização; com o Navegador, a como se manter na rota, aprendendo com os erros e monitorando de forma atenta os fatores exógenos para superar os desafios ao longo desta jornada; com o Terapeuta, a importância de perceber o outro, trabalhar a mudança e promover a transformação necessária para a adoção de um novo modelo; com o Designer, a pensar "fora da caixa" e a desenhar futuros alternativos; com o Empreendedor, a assumir riscos e transformar obstáculos em oportunidades; e, por fim, com o Político, a usar diplomacia, negociar e articular em busca de conciliar diferentes interesses.

Dessa forma, a soma das faces dá origem à competência ideal ou ao profissional completo de estratégia.

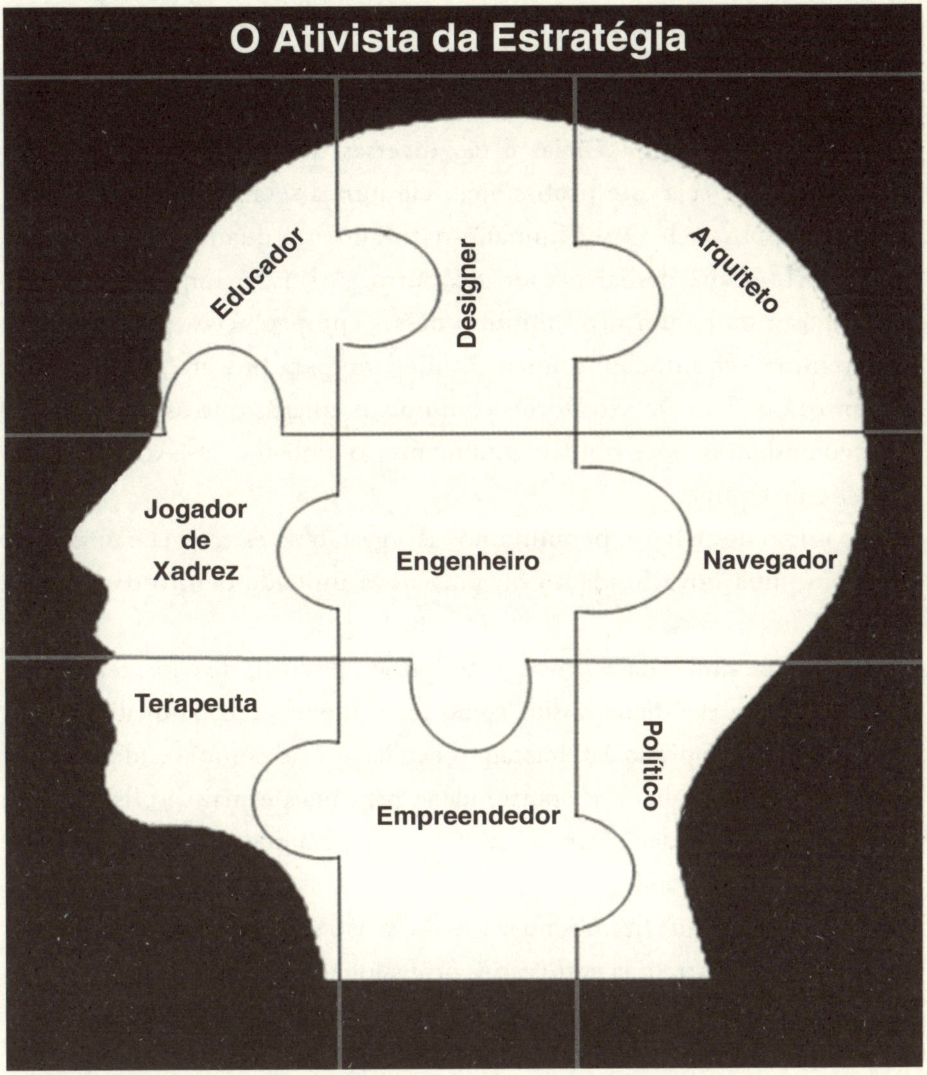
O Ativista da Estratégia
Educador
Designer
Arquiteto
Jogador de Xadrez
Engenheiro
Navegador
Terapeuta
Político
Empreendedor

UMA COMPETÊNCIA ORGANIZACIONAL

Todas essas faces reforçam a importância de diferentes competências que este profissional deve ter, competências como adaptação à mudança, criatividade e inovação, capacidade analítica, trabalho em equipe, credibilidade e confiança, liderança, pensamento estratégico e visão holística.

São tantas as competências e tão diversas que percebemos que, por mais plural que seja este profissional, ele nunca será completo, é humanamente impossível. O ser humano naturalmente quando tem um lado muito forte acaba desbalanceado do outro. Assim, o importante é que este Ativista tenha um nível mínimo dessas competências, porém o mais importante é ter autoconhecimento suficiente para buscar complementar os pontos que não são seus fortes com outros colegas que os tenham. Por isso, entendemos que, fundamentalmente, o trabalho do Ativista é um trabalho de equipe.

No início deste livro, perguntamos se a gestão da estratégia é uma nova profissão, uma nova fundação ou uma nova unidade dentro das organizações.

Vemos que sim, cada vez mais organizações, das mais diversas, terão equipes dedicadas a este tema, assim como foi o movimento da qualidade nos anos 1980. No Capítulo 10, buscamos explicitar este ponto e endereçar esta questão. Fica aqui aberta a oportunidade para mais e mais profissionais se desenvolverem e se dedicarem a este tema e esperamos que este livro possa contribuir nesse sentido.

Outra reflexão que fizemos no início foi se não seria esta uma competência organizacional distribuída entre vários profissionais de diferentes áreas, cargos e funções. Ou melhor, estratégia não seria a combinação de papéis a serem exercidos na organização por diferentes profissionais?

Entendemos que a resposta a essa questão é também afirmativa, por mais paradoxal que pareça com a questão anterior. Para deixar claro, peguemos, por exemplo, outra competência ou disciplina organizacional, como

Recursos Humanos. Ainda que as organizações tenham uma equipe dedicada exclusivamente a este tema, equipe esta que tem como missão coordenar este processo, disseminar boas práticas, ferramentas e disseminar esta competência, sabemos que a gestão de pessoas é, sim, uma competência fundamental, que todos os líderes de uma maneira ou de outra deveriam dominar, é comum vermos na prática gestores que são excelentes técnicos, mas que possuem muito pouco desta outra competência tão fundamental. Do mesmo modo, percebemos a gestão da estratégia, já que, por mais que tenhamos uma equipe e um líder Ativista puxando este processo, disseminando práticas e modelos, esta deveria ser uma competência fundamental permeada por toda a organização e em todos os níveis, mudando apenas o grau de profundidade no domínio no tema. Até nas atividades ou funções mais operacionais, percebemos a necessidade de um mínimo desta competência, afinal a estratégia acontece de fato em muitas atividades do dia a dia, e não só em grandes saltos ou pensamentos disruptivos.

Assim, percebemos que a gestão da estratégia deveria ser uma competência fundamental das organizações e para que possa ser de fato incorporada irá requer uma equipe de Ativistas. O que temos visto na prática é a formação, formal ou não na organização, de uma rede de Ativistas apoiando a organização a dominar esta competência e coordenar este processo de gestão da estratégia nas organizações. Uma rede de profissionais que envolvem as mais diversas áreas ou setores da organização empenhados em fazer da estratégia um processo contínuo.

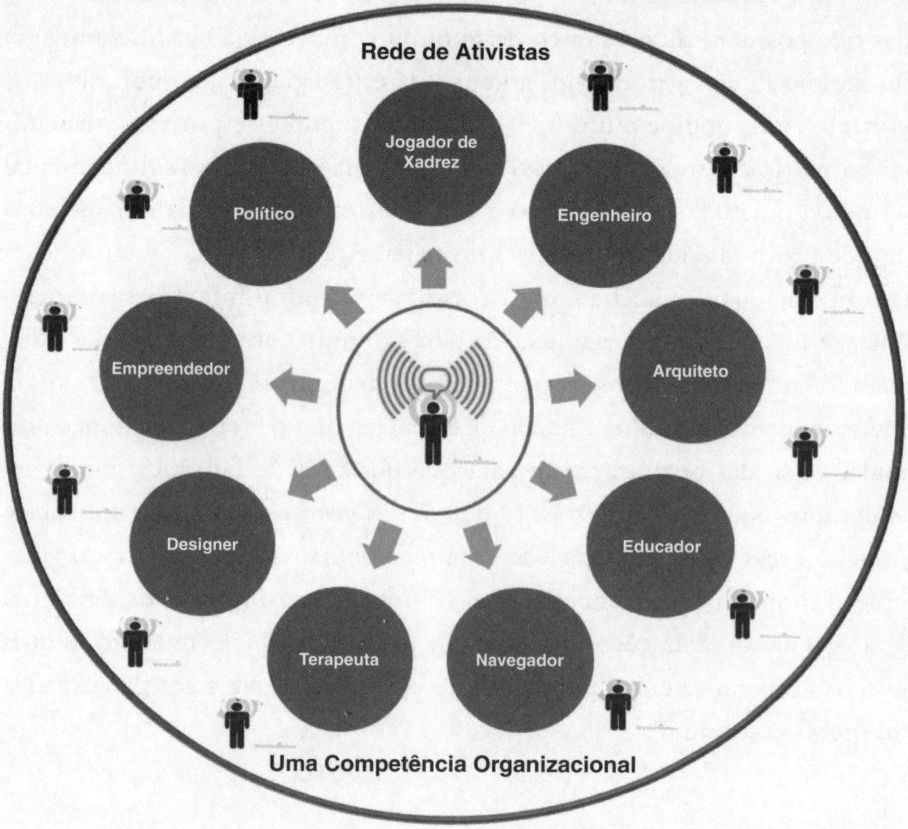
Rede de Ativistas
Jogador de Xadrez
Político
Engenheiro
Empreendedor
Arquiteto
Designer
Educador
Terapeuta
Navegador
Uma Competência Organizacional

DIFERENTES CONTEXTOS DEMANDAM DIFERENTES FACES

Uma vez que entendemos que o ativismo da estratégia deve ser mais uma competência da organização, cabendo a alguns indivíduos exercitar os nove papéis e puxar este processo, é de esperar que as faces do Ativista se manifestem mais ou menos ativamente em consonância com o contexto estratégico das organizações.

Assim, percebemos que, dependendo do desafio da organização ou do contexto que ela está inserida no momento, certo perfil de profissional Ativista, ou de equipe de Ativistas, será mais demandado. Assim, em diferentes contextos, diferentes faces serão exploradas mais ao limite:

Contexto de mudança para estratégia inovadora: Várias organizações têm apostado nos designers e empreendedores para esta etapa, profissionais capazes de mudar a regra do jogo. Para implementar a estratégia inovadora, entra em cena mais fortemente o terapeuta para trabalhar as lideranças na mudança, o educador para comunicar os novos rumos e o navegador para facilitar o aprendizado estratégico. Como implantar uma estratégia inovadora demanda experimentação, adaptação e feedbacks contínuos, as empresas que optam pelo caminho do design, optam por flexibilizar a gestão e, portanto as faces dos engenheiros e arquitetos aparecem mais com o objetivo de estabelecer alguns indicadores e coordenar os projetos (engenheiro) e integrar recursos humanos e financeiros (papel do arquiteto) aos objetivos do negócio. Desde 2008, a CBSS, empresa brasileira de serviços financeiros, colocou no centro da estratégia o desenvolvimento de novos negócios voltados para segmentos não *core* do negócio como vale-transporte, vale-cultura e bilhetagem. Para tanto, colocou em marcha diversas frentes de trabalho. A unidade de planejamento e gestão da estratégia passa a maior parte do tempo, desde então, articulando a implementação de projetos inovadores junto a designers e empreendedores da empresa.

Contexto de fusões e aquisições: Além da concepção de estratégias, seja na ótica do jogador de xadrez ou do designer, empresas que acabem de passar por processos de fusão ou aquisição vão demandar um forte alinhamento estratégico, portanto os arquitetos aparecem naturalmente como integradores da gestão. Educadores entram em ação para mobilizar as pessoas, assim como o político para negociar objetivos e metas, além de alinhar os interesses divergentes entre culturas diferentes que acabam de se juntar. O Santander (pós-fusão com o Real) gastou quase 18 meses desenhando sua nova estratégia e, em seguida, iniciou uma campanha de educação interna para sensibilizar as pessoas sobre a nova missão e visão integrada de futuro do banco e designou uma equipe da área corporativa de gestão para desdobrar os objetivos e metas para toda a organização.

Contexto de mudança da liderança: Cabe aos profissionais que lidam com estratégia ativarem o seu papel político como articuladores de nova estratégia ou na manutenção da estratégia vigente. A face educadora ajuda na transmissão de conhecimentos e facilitação da dinâmica do novo grupo de liderança e, da mesma forma, o navegador poderá conduzir o processo de aprendizado estratégico com o time. Durante a gestão de Roberto Rodrigues, o Ministério da Agricultura e Pecuária brasileiro passou dois anos formulando a estratégia (jogando xadrez), traduzindo a estratégia em metas e projetos (o engenheiro), arquitetando o sistema de gestão e comunicando a estratégia para os milhares de servidores (o educador). Em 2007, com a troca de ministro Rodrigues por Reihold Stephanes e outras lideranças do ministério, o então formado escritório de gestão da estratégia assumiu o papel de terapeuta, de educador e deu continuidade ao trabalho do navegador. Na transição, os profissionais do escritório liderado por Paulo Fresneda fizeram a estratégia anteriormente formulada permanecer válida no fórum de liderança, que continuou a utilizar o mapa estratégico como guia para as metas e ações da organização.

Contexto de implantação de governança corporativa: A inserção nas práticas de governança corporativa no Brasil coincide com a profissionalização de empresas familiares como Votorantim, Boticário, Galvão Engenharia, Pão de Açúcar, Suzano, Camargo Correa, Gerdau, entre outras. Empresas que fizeram a profissionalização da gestão tomaram medidas como alocar executivos de mercado para conduzir os negócios, direcionar os membros da família para o conselho de administração além de estabelecer padrões contábeis e de responsabilidade corporativa. O papel de profissionais que lidam com estratégia combina as faces do engenheiro, arquiteto, educador e político. A Galvão Engenharia é um bom exemplo nesse sentido. Em 2006, a empresa desenvolveu um planejamento estratégico que previa a entrada em novos negócios, a exemplo do mercado de concessões públicas. Em 2010, a empresa não só entrou nas concessões, como abriu novos negócios em energia renovável, óleo e gás e iniciou sua internacionalização. Criou um conselho de administração que basicamente concentrou a família dos controladores mais conselheiros convidados. A área de estratégia ganhou força para reestruturar o planejamento da empresa e arquitetar a integração os processos de gestão da empresa tais como planejamento, orçamento e gestão da estratégia.

Assim, percebemos que, nos mais diversos contextos, para ter êxito em mobilizar toda uma organização, seja ela pública, privada ou não governamental, além de uma liderança forte, é necessária uma rede de Ativistas, que, somando competências e com uma forte atitude de determinação e perseverança, são capazes de realizar verdadeiras transformações, como a da Escola Municipal Campos Salles na comunidade de Heliópolis, mencionada no capítulo sobre o empreendedor ou outros tantos exemplos citados neste livro.

Por fim, gostaríamos de agradecer a todos aqueles que contribuíram para esta obra e queríamos reforçar o convite para que você também possa ser um Ativista, protagonista dos seus próprios sonhos e que estes possam contribuir para um mundo melhor, para esta e para as próximas gerações.

LIDERANDO MUDANÇAS

ALINHAMENTO

DESIGN DE NEGÓCIOS

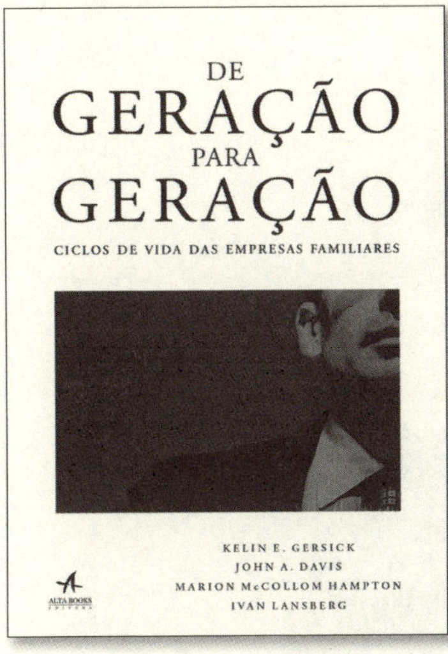

De Geração para Geração

Integração de Idéias

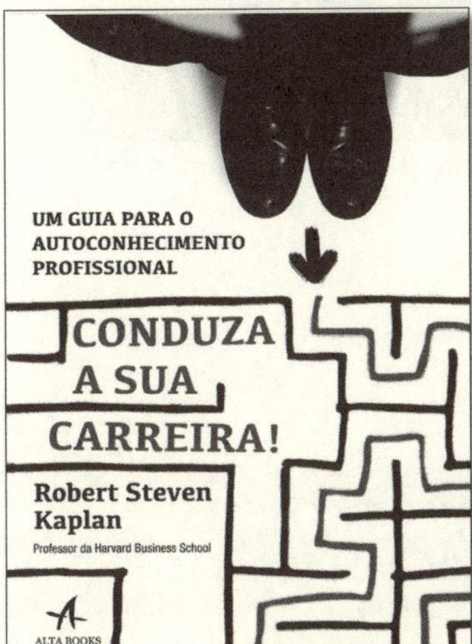

Conduza a Sua Carreira

Aprenda a Vender e Operar Vendido

Aprenda a Operar no Mercado de Ações

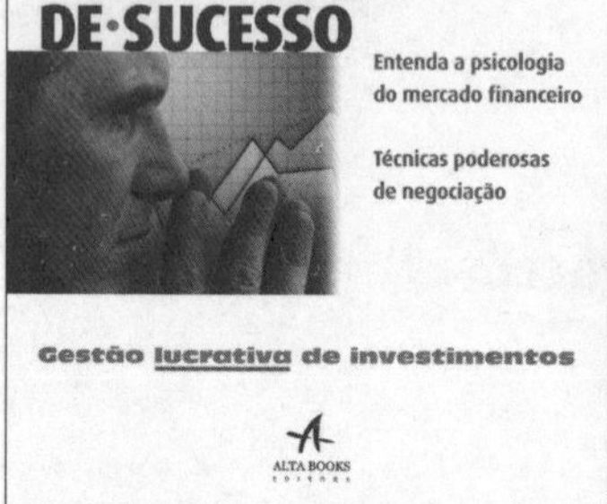

Como se Transformar em um Operador e Investidor de Sucesso

INTELIGÊNCIA FINANCEIRA NA EMPRESA

O CORAÇÃO DA MUDANÇA

IMUNIDADE À MUDANÇA

Impressão e acabamento: